できる上司の Z世代をモンスターにしない言葉

大野萌子
Ono Moeko

ビジネス社

プロローグ

Z世代をチームの一員として迎え入れるために

「ようやくオレも課長になった……」

45歳の誕生日を迎えたばかりのT村。業界では中堅クラスのＩＴ企業で営業部に勤務する彼は、掲示板に貼り出された辞令を感慨深く見上げました。

前任者はT村の先輩社員でしたが、いつも部長のご機嫌をうかがってばかりで、下からの人望は皆無。T村はいつも（自分に部下ができたら、数字を追うだけでなく、働きやすく風通しのよい組織を目指すのに）という思いをめぐらせていました。

そんな中、晴れて〝上司〟になったT村のもとに、３人の部下が配置され、さっそく1人ずつ面談の時間を持ちました。

新卒で入社して3年目のA島（男性）は、快活で元気がよく、何でもそつなくこなすタ

イプのよう。あいさつがわりにこれまで自分がやってきた新規開拓のノウハウを伝えようとすると、

「さすがですね！　でも……コスパ悪くないすか？」と軽く首をひねってみせ、「言われたとおりにやらなきゃだめですか？　もしかして軽くパワハラかなあ、なんて」と言い、にやっと笑いました。

続いてやってきたB川（女性）は20代半ば。第二新卒で入社した転職組です。情報処理関連の資格を複数取得していることもあって人事の評価も高く、真面目でとても感じのいい女性に見えました。

経歴から「B川さんはリケジョなんだって？　雰囲気が○○テレビのドラマに出てる○○に似てるね！」とほめたつもりだったのですが、彼女の顔から急に笑顔が消え、「私、テレビ見ないので、知らないです」とつぶやくように言うと、やおら視線を外すのです……。

2人の面談を終え、だんだんと神妙な気持ちになってきたT村。最後の1人、入社2年

目のC田は出身大学と学部が自分と同じであることを見つけ、彼となら話ができるはずだと気持ちを切り替えました。

まずは雑談からと、大学時代の思い出話から始めると、彼も乗ってきてひとしきり懐かしい話題で盛り上がりました。面談の最後に前任者からの引き継ぎ事項に気づき、「C田君はかなり頑張っているようだけど、ちょっと残業が多いよね。あと休日出勤の記録もあったけど……？」と聞くと、「僕、最近仕事がおもしろくなってきたんです。たしかに前の課長から注意されたんで、タイムカードだけはちゃんと定時で切るようにしましたし、休日は、どうしても会社にある資料が見たいんでたまに出るんですけど、自主的にやってることなんでいいですよね？」

…………………………

いつの時代も、新参者に対して「俺たちの頃は……」と先輩風を吹かせたり、「いまどきの若者」に対して苦言を呈してみせたりするのは、よくあることです。

しかし最近では、単に経験が少ないというだけでは語れない事象が出てきています。

社内のちょっとしたやりとりや仕事の進め方において、上司世代が当たり前に思うことを若い世代が同じようにはとらえていない事態が目につくようになってきました。

世はコンプライアンスやハラスメントが重要視される時代。ちょっと強く言いすぎたり、プレッシャーを与えたりすると、彼らはあっさりと来なくなり、むしろ上司側の身が危《あや》うくなることもあります。

人材不足は深刻で、会社からは離職者を出してはいけないといわれるものの、ネットもテレビも転職サイトの情報だらけ。若者世代にとって転職のハードルは低くなる一方です。

今の時代、管理職といっても、多くは現場で結果を出すことを求められながら、部下の指導・育成も担《にな》うプレイング・マネージャーです。とくに中間管理職層は、上から「俺たちの頃はもっとひどかった」と言われながら、それでも〝昭和〟の価値観でしごかれてきた世代でしょう。それをだいぶソフトにして接しても、若者からは反発をくらってしまうのですから、なんとも不条理にすら思えるかもしれません。

世代間のギャップが取り沙汰される昨今、年若い部下たちを適切に指導し、能力を発揮してもらうためにも、若い世代の「トリセツ」（取り扱い説明書）を学ぶことが必要です。

昨今、世間に目を向けると、子どもの通う学校に苛烈《かれつ》なクレームを繰り出すモンスターペアレントや、昭和の名残《なごり》ともいうべき「お客様は神様です」というフレーズを逆手《さかて》にとって理不尽な要求をつきつけるモンスターカスタマーが横行しています。

職場においても、それは同じかもしれません。

世代間ギャップを放置して、Z世代をモンスターにするか、あるいは、彼らの特徴や本音を踏まえて新しい仲間として信頼関係を築くのか、それは上司のさじ加減ひとつです。

まずは彼らを知ることから始め、お互いにとって働きやすい職場環境、社内風土を築くことから始めてみませんか?

大野萌子

目次

2章　困ったときのトラブル対応術～上司の抱える10の疑問～

3章　Z世代を心強い味方にする方法

4章　信頼されるリーダーになるために

5章　関係作りに役立つ会話術

1章

Z世代ができるまで

〜時代背景と頭の中〜

オーダーが間違っていても何も言わない？

時代が変われば価値観が変わるのは自然なことです。

しかし、わかっていても目の前の相手から思いがけない反応が返ってきて、どう対応したらよいのか迷うこともあるでしょう。

上司世代にとって、未知なる存在でもあるZ世代とは、一般に１９９０年代中盤あたりから２０００年代に生まれ、２０２５年現在で10代後半から20代の若者世代を指します。（※定義には諸説あります）

社会に出てきたばかりの20代と、年の離れた世代とで、価値観やものの考え方、コミュニケーションの仕方などの面で違いがあるのも当然のことかもしれません。そうはいっても、日に日にその違和感を拭《ぬぐ》い去れず、むしろ大きくなるのはどういうわけなのか。

私はカウンセリングやセミナー講師を長らく務めてきましたが、若い世代を対象にしたときに必ず聞いている質問があります。

問：「あなたは一人でご飯を食べに行き、ランチのセットで飲み物を頼み、それは食後に出てくることになっていました。すると、食後にホットコーヒーを頼んだにもかかわらず、アイスコーヒー（もしくは紅茶）が出てきました。その時、あなたはどうしますか？」

返答は、「間違っていることを店員に言う」という人と、「そのまま黙って飲む」という人に分かれますが、後者だと答えた人はおおむね2、3割でした。

その理由を尋ねると、「めんどくさい」、「飲めないものなら言うけれど、飲めるものならよい」「ランチの時間は忙しそうだから」といった回答がありました。日本人全体でも、意思表示をしない人の割合がだいたい2、3割だと言われていますから、若者の場合もそれと合致していたわけです。

しかしこの10年ほどで、若者の回答で「黙って飲む」という人が6割に達してきました。つまり、自己主張しない人が増えているということです。

また、その理由もどうやら変わってきているのです。

「なんて言っていいか分からない」

「聞くタイミングがつかめない」

「それを言って、どう思われるかが心配」

この3つが主な理由ですが、どうもこれまでとは様相が異なってきているのがわかります。つまり、根本的な対人コミュニケーションそのものに不安があるというわけです。

生まれたときからデジタル機器になじみがある今の若者たちは、電話をほとんど使いません。日頃のやりとりには、携帯やタブレット上のSNSアプリが中心です。

文字ツールの場合、たとえそれがチャットであったとしても、実際の会話とは異なり、返答を打ち込むまでに多少の猶予があり、わずかな間でも「どう返すか」を考えることができます。しかし、リアルな会話ではそうはいきません。

10代、20代の若者たちにとって、人との交流が制限されたコロナ渦の数年も大きな影響を及ぼしている可能性もありますが、日常的に文字でのやりとりが増えたことで、会話で求められる瞬発力のようなものが失われているように思えてなりません。

状況は個人によってさまざまですが、社会経験も乏《とぼ》しいこともあってスムーズな返答ができず、「どう返していいかわからない」と彼らも困っているのかもしれません。

上司世代は、「自分の若い頃とは違いすぎる」彼らの胸のうちをくみ取ることもできず、「何を考えているのかわからない」と、ただただ不審感がふくらんでしまうのです。

時代とともに、世代の様相も変わる

そんなZ世代の特徴や、彼らとの付き合い方を探る前に、これまでどんな世代の変遷があったのか、戦後の代表的なものを振り返ってみましょう。

まず多くの人に聞きなじみがあるのは「団塊の世代」でしょう。１９４７～１９４９年に生まれ、第一次ベビーブームとも呼ばれました。２０２５年現在で70代後半の彼らは、戦後の日本を牽引してきた世代だといえます。

その世代が成長し、上司となった１９８０年代、約10～20歳ほど若い世代を揶揄《やゆ》するように呼んだのが「新人類」という呼び名です。対象となったのは１９６０年代という右肩上がりの高度成長時代に生まれ、消費社会の成熟とともに人生を過ごしてきた現在50～60代の人々です。

今のZ世代に比べれば、よほど日本的な縦社会にも順応していましたが、いつの時代も大人たちの目には「若者たちがわからない」と映るのでしょう。

やがて、日本経済がかつてないほどにふくらみ、文字通り泡のごとくはじけたバブルの時代がありました。当時、テレビCMで話題になった「24時間働けますか」いうフレーズは、自虐とともにどこか誇らしげに時代を席巻したものです。

その1990年前後に18歳を迎えたのが、団塊Jr.世代でもある「X世代」です。世代の分類としてアメリカなどで使われ、書名でもあった「ジェネレーションX」からきているという説や、よくわからない未知の世代という意味合いで「X」が使われたとする説があります。

日本でX世代に当たるのは、バブル経済の崩壊後に成人し、不景気から就職氷河期を経験した世代です。そうした時代背景もあって、コスパや時短、効率を重視するようになるのも無理のないことかもしれません。

一方で、情報通信の分野では革新的な変化が進み、携帯電話やインターネットが登場し、ゲームやカラオケが娯楽の中心になっていきます。

そうした傾向が顕著になっていくのが80年代から90年代前半に生まれた「ミレニアル世代」です。Xに続く世代として「Y世代」と呼ばれたり、「失われた世代」を意味する「ロスジェネ（ロストジェネレーション）世代」と呼ばれることもあります。

当時の不安定な社会状況を反映してか、仕事より家庭を重視し、幼い頃から男女平等は当たり前だと感じています。会社への忠誠心がないわけではありませんが、自分を犠牲にしてまで尽くそうとは思わず、嫌だと思えばあっさり辞めてしまいます。

日本経済が絶頂を迎えていた頃、まだ幼かった彼らはバブルの恩恵は受けていません。地に足がついていて、トラブルやもめ事は避けたいと思う一方、損得の計算には長《た》けていて、評価やランキングに非常に敏感です。

このミレニアル世代には、すでにＺ世代の萌芽があるといえますが、彼らをさらに純粋培養したような存在こそ「Ｚ世代」です。

１９９５年は日本社会で時代の転換点ともいえる時期です。阪神淡路大震災や地下鉄サリン事件など、時代を揺るがすような出来事も多く、社会全体が不安に包まれていました。

Ｚ世代は１９９６年頃から２００４年頃あたりに生まれ、先のミレニアム世代以上に生まれたときからデジタル機器に囲まれてきた「デジタルネイティブ」として、ネットリテラシーが非常に高いのが特徴です。

ゆとり教育の是非

Z世代は「ゆとり世代」とも呼ばれます。

名前の由来となる「ゆとり教育」は、それまでの詰め込み教育で受験戦争が過熱し、落ちこぼれる生徒が増えたとされ、そうした状況を鑑みてカリキュラムと授業時間数を減らした新学習指導要領が実施されたのです。

完全学校週5日制が実施され、知識偏重から経験重視型へとシフトし、個性を重んじ、絶対評価などへの方針転換がされたのもこの時代です。

とくに2002〜2010年の期間に小中学校で義務教育を受けた1987〜2004年生まれの世代をゆとり世代と呼ぶことが多いのですが、その年代はまさしくZ世代と重なります。

注目されたのは運動会の徒競走などで順位をつけず、「みんな頑張った」として公平さや平等をアピールしようとしたことでした。しかしそれには、メリットよりもデメリットのほうが大きかったと考えられています。

たとえば「算数はできないけど足が速い」とか、「暗記は苦手だけど絵が上手」など、人はそれぞれに得意分野があり、それがきちんと評価されることで自己肯定感を持つことができ、モチベーションにもつながっていきます。

「みんな一緒」とする平等の意識と、「それぞれが違ってもいい」という多様性の肯定はどちらも大事ですが、それが並列になって、一見矛盾するように見えることが、ダブルバインド（二重拘束）のもとになり、混乱を引き起こすことがあります。

学生の本分は勉強なのですから、「勉強しなさい」と言われるのはわかるものの、勉強ができても、あるいはできなくても「みんないい子」なら、「頑張って勉強しなくてもいいんだ」と考えるようになったり、どこに目標や基準を求めたらいいのかがわからなくなるのは無理もありません。物事の評価基準が見えにくくなり、自分らしさも見失い、そこから承認欲求の強さにつながっている一面もあるかもしれません。

Z世代とは、そんな混乱期に思春期を過ごした若者たちなのです。

デジタルの世界で生きる、ということ

ここからはZ世代の特徴に焦点を当てていきましょう。

ミレニアル世代の頃に一気に普及したデジタルツールは、Z世代ではもう当たり前の社会基盤になっています。そんな彼らは生まれた頃から、携帯どころかスマートフォンを手にして、動画を子守歌のようにして大きくなります。

呼吸するように情報社会の恩恵を手にして、情報は人からでなく、テレビや新聞、雑誌などの旧来のメディアでもなく、インターネット上から得ているのも特徴です。

社会に出てからパソコンを手にした上司世代は、ワードやエクセルや、パワーポイントなどのソフトが身近ですが、Z世代はスマホやタブレット操作が中心で、むしろパソコンは不得手だったりします。

しかし、なんといっても彼らがよりどころにし、常に欠かさないのが情報の「検索」です。

食事にしろ、買い物にしろ、ネット検索から得た基本情報を把握してからでないと動く

ことができません。飲食店に行くときも、場所だけではなくメニューや金額、さらに人の口コミ情報までおさえてから出かけるのが定番です。

上の世代が「欲望を満たす」ために各種メディアを使い、「人と違うこと」をアピールしようとするならば、Z世代はあらかじめ不安要素をつぶし、「安心を得るためにググる（検索する）」ことを繰り返し、SNSなどで「人の共感を集める」ことに苦心しているのです。

あふれる情報の渦の中で必要な情報を得ようとすると、コスパ（コストパフォーマンス）、タイパ（タイムパフォーマンス）を重視するのも無理のないことでしょう。

昨今は、映画やドラマ、音楽などエンタメ分野を中心に、サブスクリプション（一定期間の定額サービス）が当たり前になっていますが、膨大なコンテンツの中で効率よく情報を把握し、仲間内の話題についていくために倍速でコンテンツを視聴するのも、必要に迫られてのものなのかもしれません。

「失敗をしたくない」Ｚ世代

均質性の高い日本社会において、Ｚ世代は公平さと同時に、個性を尊重することを教え込まれてきました。「多様性」はこれからの価値観として受け入れながらも、現実の社会ではこれまでの社会通念や慣習から男らしさ、女らしさなどといった決めつけが根強く残っています。彼らは空気を読むことに長けているため、小さな差別も敏感に察知してしまいます。

だからこそ、「女の子だから野球ができない」、「男の子だから刺繍が趣味なんておかしい」といった風潮には抵抗や引っかかりを感じます。

たとえば、理数系は男の子の科目という意識がまかり通っていることに対し、「女の子なのに算数ができてすごいね」などと言われると、（それはいけないことなのだ）とすり込まれてしまい、算数が得意だったはずの女の子が、だんだんできなくなっていってしまうこともあります。

また、規制や締め付けは嫌いながらも、不安定な時代を生きてきたためか、強い安定志向があるのも彼らの特徴です。

地域や経済状況によりますが、上の世代に比べると、高価なブランド品や海外旅行など、これまでなら憧れの対象だった贅沢品を望むことがありません。

それは我慢しているわけではなく、不景気とはいっても、一定の豊かさを享受してきたためなのか、あるいはバブル崩壊後の社会に慣れてしまったということなのか、浮き沈みの激しい贅沢な暮らしよりも、地に足のついた安定した暮らしが続くことをよしとします。

当然、多くの物を所有することを望まず、さらに人とシェアすることにも抵抗がなく、必要最小限の物で暮らす「ミニマリスト」という生き方を追求する人もいます。

ただし、安定を望む気持ちには、「失敗したくない」「損をしたくない」という気持ちが垣間《かいま》見えます。

組織やグループの中で空気を読み合い、「悪目立ちしたくない」という思いから、基本的に人を出し抜いたり、スタンドプレーをすることもありません。

昨今、組織やグループで情報共有をする際に、メンバー間の一斉メールでなく、LINEなどの通信アプリでトーク画面を共有する場合がありますが、友達同士のグループであっても、誰かの意見に最初のコメントをアップすることを嫌がります。

それというのも、現代はＳＮＳなどのコメントなど、ちょっとしたことで批判されたり、〝炎上〟することがあります。何気なく送ったコメントに人がどういう反応をするのかがわからない段階で、安易に口火を切ることを恐れ、別の誰かが回答したものを参考にして、無難に自分のコメントを書くことを選びます。配慮に配慮を重ね、波風を起こさず通りすぎたいという思いが透けて見えます。

それは従来の日本的な前例主義とは少し異なり、何かのきっかけで批判を集めたり、いじめの対象になってしまうことがある昨今では、とにかく失敗したくないという保身からのものでしょう。

彼らの現状を見ていくと、今はとても生きづらい世の中にも思えます。職場で上司世代が「若者らしい自由な意見や提案を言ってほしい」といくら思っても、なかなか意見が出てこなかったり、会話が成り立たなかったりするのも、彼らが何も考えていないわけではなく、Ｚ世代なりの処世術ともいえます。

親は敵なのか、味方なのか

「親ガチャ」という言葉をご存じでしょうか。

「ガチャ」とは、小型の自動販売機（カプセルトイ）でハンドルをガチャガチャと回す音から来ていて、中から何が出てくるか、自分では選べないのが特徴です。

そこから、自分では選べないにもかかわらず、それによって今後が左右されてしまう、つまりはずれくじを引いたような状況に陥ることを指し、親から不利益を被ることを「親ガチャ」などといいます。

若い彼らは安定を望む性質もあり、親の影響を強く受けます。そのため親の考えに偏《かたよ》りがあったりすると、彼らもそれに引っ張られてしまいます。

仕事を選ぶ際に、以前は反発して、親の跡なんて継ぎたくないというケースも多くありましたが、安定志向ゆえか、親の職業に親和性のあるものを選ぶことが多くあるようです。

実際、家業を継ぐことは、目の前にロールモデルがいるわけですし、自然と選択肢に入ってくるものですし、あえて親元を飛び出して自由に生きるより、エネルギーが少なくて済み、彼らにとって効率的に映るのかもしれません。

就職先選びとなったときも、親の影響は強く表れます。

核家族化や少子化の影響もあるのか、内定辞退の理由に、「親からダメだと言われた」という場合も多いようです。

そのため、会社説明会に親同伴をよしとする企業があったり、知名度が低い会社として「聞いたことないからダメ」だと親から言われてしまうことがあるために、企業側も社名を連呼するCM戦略を取るケースも増えています。

企業側は人手不足の昨今、よい人材に入社してもらいたい。少子化が進み、こまやかに手や目をかけられて育ったZ世代は親との距離が近く、中には目立った反抗期がなかったという場合もあるほどです。

そうした背景からか、面接などで「尊敬する人は誰か」と問われたときに「親」だと答える若者が増えているようです。

ただし、本心からそう思っている場合と、就活にも傾向と対策が重視される昨今、キャリアコンサルタントなどから「尊敬する人を問われたら、親だと答えると身の丈《たけ》にあった感覚を持ち、身近な人をリスペクトできるとみなされて印象がいい」とアドバイスされている場合があります。

上司世代からは、「親を尊敬していると聞くと、視野が狭いというか、物足りない思いがします。小さくまとまってほしくない」という意見もあります。

また、親は親で、「こういうふうに頑張ってほしい」「ここを目指してほしい」という展望や思いがあり、それを我が子に託すわけですが、当の本人がどこまで自分の考えをもっていて、それを貫こうと思っているのか、そこには具体的なビジョンがあるのか、それは本人次第。まわりはそれを引き出すのが精一杯だと言うほかはありません。

リアルな現実を生き、夢は仮想世界へ

バブルが弾けたり、リーマンショックの後で、「夢が持てなくなった」という人は多いでしょう。それはZ世代も同じです。

ネットの世界で炎上沙汰が起こったり、あるいは有名になってプライバシーがさらされたりするのを見ると、「嫉妬や恨みを買うのは怖いことだ」という思いが高まり、「普通が一番」だと考えるようになります。

小中学生のなりたい職業も、野球選手やケーキ屋さんといった子どもらしい憧れではなく、公務員やサラリーマンなど地味で堅実な職業が上位に入っているのを知ると、大人の目から見ればなんだか複雑な思いになるものです。

かつて、ユーチューバーがランクインしたとして話題になりましたが、動画を見て育ったような若者世代にとって、〝中の人〟はむしろ身近な存在だといえるのでしょう。

社会全体で夢を描けなくなったからといって、「若者には大きな夢をもってほしい」というのは、上の世代の勝手な思い込みにすぎません。

安定志向と同じように、現実主義も悪いことではありませんし、叶わない夢を追って振り回されるより、現実を見極めて自分のペース、自分のテリトリーを守ることが彼らの望みだったりもするのです。

90年代半ば以降、阪神大震災、同時多発テロ、リーマンショックなど、社会的に重苦しいニュースが続き、さらにはコロナ禍以降も、世界的に不穏な社会情勢が続いています。

彼らはそうした社会情勢を無視して「楽しければいい」と考えることはなく、ネットやSNSを通してリアルな現実を見聞きし、社会貢献やクラウドファンディングなどに積極的に参加する〝意識高い系〟の若者も多いのです。

しかしながら、かつて学生運動に従事したり、自分たちの手で社会を変えようとした世代と今の若者が異なるのは、そうはいっても自分の権利を譲り渡したりはしないことです。

ワークライフバランスを重視し、「自分の権利、自分の時間は譲らない」「我慢を強《し》いられるような嫌なことはしない」という姿勢は徹底しています。

仕事よりプライベートが大事、休みの権利はしっかり行使するといった姿勢は徹底していますから、いくら給料がよくても、自分の時間が持てないような働き方は、「ブラックだから辞めたほうがいい」と冷ややかな視線を送ります。

とはいえ矛盾するようですが、「いいね」の数とか、キラキラした写真映えする生活など、虚構やイメージの世界にとらわれがちな彼らは、「自分がまわりからどういうふうに見られているか」をとても気にします。

平等や多様性を望むけれども、自分自身を曲げたくない、自分を演出するものはお仕着せのものではなくセンスよくカスタマイズしたい、そうした自分演出への願望も強くあるのです。

あるいは、自分が好きな「推《お》し」のために尽くしたいという思いが強いのも特徴で、そこに大枚をはたいても惜しくありません。

あるいは現実社会の自分は変えられないけれど、SNSや仮想世界の中で「アバターとしての自分」を自由に動かし、「仮想世界でなりたい自分を生きる」ことに熱中する若者もいます。

彼らにとって、今、このとき、自分が思うように生きることが大事で、自分を犠牲にして何かの我慢をするということができません。

そのため、現実の職場で、「今は大変だけど、苦労しておけば後は楽になるよ」といくら上司の世代から言われたとしても、それを受け入れて、信じ切ることができません。やりたくないことを強いられるのは、人間性を否定されるようなものだからです。

上司世代がよかれと思い、彼らのために親心から「今すぐに理解できなくても、後になればわかるよ」と言ったとしても、彼らにはそこに秘められた思いは伝わらず、今何かを犠牲にすることへの拒否感から、気持ちが離れていくだけです。

そうした場面は配属にもあらわれます。

従来、転勤があったり、配属部署の希望が叶わないというのも常でしたが、Z世代においては「面接ではこう言われたのに」とか、「話を聞いてくれない」との思いが先行し、心の中に不満を募らせていきます。配属が希望通りにならないことを、「親ガチャ」ならぬ、「配属ガチャ」と呼び、「話が違う」と思えば、昨今は転職サイトの広告も花盛りですし、「入ってみなければわからない」「転職はステップアップ」などと理由をつけて、後先考えずにあっさり離職してしまいます。

彼らと真にわかりあうために

そんな彼らに対して、どう対応したらいいのでしょうか。

いくら社会人になりたてのZ世代といっても、相手を変えることはできません。具体的なビジョンについて、言葉を尽くして話し合うことしかありません。

2章以降、具体的に述べていきますが、彼らはこの不安定な時代の中で、なるべくしてそのパーソナリティーを育《はぐく》んできたわけです。押さえておきたいのは、彼らはけっして自分勝手に生きることを望んでいるわけではないのです。

不安定な時代を生きてきた彼らは、社会情勢の変化の影響を受け、不穏な時代の落とし子として身を守るすべを身につけて成長してきたわけですから、闇雲に彼らを敵視したり、言い聞かせようとするのではなく、双方が歩み寄って理解することが必要です。

そこでのポイントは、Z世代は「あいまいな指示では動くことができない」ことを知っておきましょう。たとえ理解に苦しむような言動があったとしても、彼らは望んでそうなったわけではなく、時代の流れもあって、彼らなりのパーソナリティーが育まれてきている、ということです。

大切なのは「手順を踏んで具体的に伝える」こと、「権威を振りかざすことはしない」こと。

顔をつきあわせて話してみて、たとえそれがリモートであっても、よくよく話せば、お互いにわかりあえる瞬間がきっとあるはずです。

2章

困ったときのトラブル対応術

～上司の抱える10の疑問～

ほめるとき・叱るとき

ほめられて嬉しくない人はいないでしょう。そこに世代の差はありません。人から認められることで自己肯定感も高まり、やる気にもつながるものです。

しかし、「ほめるのだから、どんな形だってかまわないでしょう」ということはないのです。

Z世代を含めた若い世代は、他者からどう見られているかをとても気にしています。たとえほめられたとしても、そのタイミングや伝え方によっては、（みんなの前では言ってほしくない）と思う人もいて、むしろ上司のほうが恨まれてしまうこともあるかもしれないのです。

よかれと思って、「むしろ人前でほめるべきだろう」と考えるかもしれませんが、個人によって受け止め方は異なります。また、その上司と部下の関係性にもよるのですが、注目されることで妬《ねた》まれたり、目立ちたくないと考える人が少なからずいるようです。

だからといって、部下ががんばった成果や、評価に値することがあるのに、それに触れないのはもったいないこと。人前で伝えるかどうかは個別に判断するとして、きちんとほめることで「ちゃんと見てくれているのだ」という意識づけにもなりますから、そのチャンスを逃さないようにしたいものです。

一方、部下を叱る必要があるときは、上司の側も「人前で叱ったりするのはよくないだろう。昨今はハラスメントだととられかねないし、言い方にも気をつけなければ」という思いになるでしょう。どう叱るかについては、多くの方が疑問や不安があるようです。

上司のギモン①

叱られたことがないので、案外叱られたい子が多いと聞きます。本当でしょうか。だからといって、ただ叱ればいいというのではないことは分かっていますが、叱り方のコツのようなものはありますか?

ハラスメントの問題に関しては、改めて別の項目で述べますが（84ページ参照）、ハラスメントを気にするあまり、「叱っていいのか」とまで思ってしまうのは本末転倒です。叱るのは指導の一環であり、むしろ上司の仕事です。また、部下の中にも「きちんと叱ってほしい」と思っている場合もあります。

本章の冒頭で、人前でほめてよいのかという問題がありましたが、叱る場合でもそこには当然配慮する必要があります。

私がカウンセリングで話を聞いた新入社員には、「人前のほうがいい」という人がいました。それは、相手が苦手な上司であるとか、折り合いのあまり良くない上司で、しかも異性だったりすると、「個室など閉鎖された空間で1対1になる状況は怖いから」だと言うのです。伝えられる内容うんぬんよりも、とにかく二人きりになるのが嫌だ、と。いくら配慮をしたとしても、やはり上司と部下の間には温度差があることを感じます。

ではどう判断すればいいかというと、答えは簡単で、「その部下に確認すること」です。

「今からこういう話をするけど、ここで話すか、別室に移るか、どちらがいい?」

そう聞いて、部下に選択させるのです。それで話す内容が変わるわけではないのですから、部下におもねるわけではありません。尋ねてみたら、「別室がいい」と言うかもしれないし、「ここで言ってください」と言うかもしれない。あるいは「どっちでもいいです」という場合もあるかもしれません。その場合は上司が決めればいいわけです。

部下への配慮はもちろん必要ですが、相手がどう取るかといくら想像したところで、実際にどう考えるかはわかりません。配慮しているつもりで、結局はそれを押しつけているにすぎない場合もあります。大事なのは一方的にならないことで、そのために意思確認が必要なのです。

また、さきほど例に挙げた「きちんと叱ってほしい」という部下の例ですが、前向きな気持ちで、「もっと成長したい」という思いでいる場合、叱られたとしても具体的に今後の仕事に活《い》かそうととらえることができます。

しかし、そこできちんと指摘されないと、「どうでもいいと思われているのだろう」とか、「きついことを言ったら辞めてしまうと思われているのか」など、むしろモチベーションの低下につながってしまいます。

私がカウンセラーとして関わっていたある会社では、新入社員が1年目に必ずカウンセリングを受けることになっていたのですが、上司からの指導についてはよく話に出てくる問題でした。

たとえばある営業職の男性は、ある時「叱られないので辞めたい」と言っていました。新入社員の彼は営業に出かける際に上司が同行し、最初は上司がやるのを見ていて、その後、早い段階で自分がクライアントへの対応をすることになったのです。

客先での対応が終わった後、彼が上司に「どうでしたか」と聞くと、「いいんじゃない」と言われただけだったと言います。

言い方のニュアンスには、（おおむねＯＫだけど、足りないところもある）という含みを持っている、だけどいいんじゃないと言われただけで、どこが良かった、あるいは悪かったなど、具体的なことは何も言ってもらえなかった、と。きちんと向き合ってもらえていないようで「なんだか心配です」と不安そうな顔をしていました。

そのとき同行した上司や先輩の真意はわかりません。口出ししないほうがいいと思ったのか、体験を積み、自分で考えさせることが必要だと思ったのか、何かしらの考えがきっとあったのでしょう。

しかし新入社員の彼にとっては、自分は信用されていないのかと不安の種《たね》を残してしまっているようでした。

こうした場面では、配慮しているつもりでごまかしたり、あいまいな形でフォローするのではなくて、具体的にきちんと話すことが大事です。何ができて、あるいはできていないか、ここはいいけどここはダメであるとか、ここをこんなふうに頑張ろうと、しっかり話し合うのがよいでしょう。

一般的な傾向として、上司の側が、「厳しいことを言わないようにしよう」と考えるようになったのは、やはりハラスメント条項が法制化してから顕著になってきたようです。

「ブラック企業」という呼び方も定着し、古い体質の残る〝ブラック〟な会社や上司がやることだと思われがちですが、今は「ゆるブラック」という言葉があるほどです。それは、上司や先輩から「なんでもいいよ」とか、「遅刻しても大丈夫」「失敗しても平気、平気」といったゆるい対応が、なし崩し的にまかり通っている場合のことです。

ハラスメントというより、コンプライアンス（法令遵守）に触れそうですが、やる気をもって入社したのに、「ここにいても成長できない」と思ってしまうような職場だったとしたら、それこそ士気は下がってしまうでしょう。退職を考えるのも時間の問題です。

では、叱るときにどんな言葉がけをしたらよいでしょうか。

「もう少し考えて行動して」とか、「このぐらいわからなくてどうする」などと突き放すような言い方をしたり、失敗に対して「どうするつもりなのか」と追い詰めるのではなく、大切なのは、まずは部下の考えを聞き、状況をよく見て寄り添うことであって、かけるべき言葉は、

「どう進めていくか、一緒に考えよう」

ということです。

そこで一つ気をつけたいのは、「叱る」と「怒る」は違うことです。

「怒る」というのは一方的に感情をぶつけてしまうような状況であって、相手を萎縮させてしまったり、それこそハラスメントになりかねません。

一方、「叱る」とは、理路整然と相手が分かるように指摘することで、具体性をもって伝えることが大事です。部下には部下の言い分もあるわけですから、状況はどうあれ、部下の思いや意見を聞くこともセットで、建設的に話をするのがいいでしょう。

主体性をもってほしいとき

先の項目で、Z世代は周囲を気にしすぎると言いましたが、社会生活を送っていれば、どうしても比較をしてしまうのは当然のことかもしれません。また、1章でもお伝えした通り、Z世代は自分に自信がないために、必要以上に人の承認を求めたり、比べているように見え、上司としてはどう伝えればよいのか迷ってしまうこともあるでしょう。

上司のギモン②

何かと同期の社員を引き合いに出して比べたがります。同期と比較しないと自分の位置が分からなくなるようです。自分の考えをもって仕事に打ち込めと言いたいのですが、どうしたらいいのでしょうか。

心理学用語で「自分軸」「他人軸」という言葉があります。
考え方や価値観のベースが自分にあるか、他人にあるかということで、「私はどうしたいか」が中心になるのが「自分軸」で、他人の判断がベースになっているのが「他人軸」。つまり主語が自分か、他人かの違いです。

日本人は、子どもの頃から「人に迷惑をかけないように」とか、「みんなと同じように」と教育されることが多いものです。

集団生活がうまくいくように協調性を育んだり、社会生活上のマナーを保つのは大切なことですが、ことZ世代に限っては、「目立たないように」とか、「空気が読めないやつだと思われたくない」という気持ちが強く、集団の中で疎外されたり、異質と見なされることを極端に嫌います。

そうすると、人からどう見られているのかが重要で、「みんなはどうしているのか」と常に他人の動向や思惑が気になり、それが自分の判断基準になる。つまり他人軸が強くなりやすいのです。

とくに今は、実際に周囲にいる人だけでなく、ネットを通じて膨大な情報に接するため、自分の中で基準がなかなか定めにくくなっています。

また、組織に属していると、会社員ならその会社への「帰属意識」というものがあり、そこで自分が必要とされているか、役に立てているかというところから、さらに進んで、「認められたい」「認められなければならない」という思いに到るのは自然なこと。そこからどうしても他者を意識する必要が生まれてきます。

さらに、同質性の高い日本ならではだといえるのが、似たような環境にいるために、ちょっとした違いが気になってしまうことです。

たとえば、学校でみんなが同じ色のペンを持っているのに、自分だけが色が違うペンを持っていたら、それが目立ってしまい、いじめの対象になったりします。

大人の世界でも、ママ友いじめというのは陰湿化しやすいといわれていますが、それは生活環境が非常に似ているからです。

同じ地域に住んでいる、同じ年頃の子どもがいる、同じ学校に通わせている……などの共通項が多く、その中で何かが少しだけ違うと、それが攻撃対象になるのです。それと似たことは、当然会社の中でも起こるわけです。

こうした息苦しさとも思える要素があって、とくに若いZ世代では経験も浅いわけですから、どうしてもまわりばかりを見てしまい、みんなと同じことで安心したり、人と比べて一喜一憂したりしてしまうのです。

では、そこでどうするかですが、精神論を押しつけたり、自分のことだけに集中しなさいと言ったところで意味がありません。

そこで大切なのは、考えを変えるのではなく、自分軸に戻すための行動を起こすしかありません。

まず1番目は、「今、何をすべきなのかを理解させる」ことです。目の前にある一定の目標や役割など、会社から何を求められているかを共有し、

「今、ここであなたがやるべきことはこれだよね」

と、方向性の確認をすること。会社が望むことは一方的であってもかまいません。

ただ、今の時代はそれだけでは問題が起きやすいので、2番目として「個人の目標を設定する」ことも必要です。

今、本人に何ができるかを見極めて、認識のすり合わせを行います。できるか、できないか。必要な知識があるのか、ないのか。

次に3番目は「達成できたことを確認する」こと。小さな成功体験でよいので、目指す目標を決めて、実践できたら必ず評価することです。

最後に4番目として、取り組んだ結果、修正すべき点、レベルアップできる点がないかを検討し、「前向きなトライアンドエラーを繰り返す」ことです。上司も一緒に確認し、見守るだけでなく伴走することです。

これらは何も新しいことではなく、ビジネス上で定番でもあるPDCA（プラン、ドゥ、チェック、アクション）のサイクルですが、頭で考えてしまうより実践することを意識してこの1から4を繰り返すと、人と比べるとか、人の動向を気にしすぎるということが払拭されて、自分の仕事に打ち込めるようになります。

注意したいのは、1番目の会社として何を望むかについては、上司からの指示でかまわないのですが、2つ目の個人の目標を設定するときに、あまり細かく言いすぎると「指示待ち」になってしまって逆効果になりますから、ある程度は任せること。

そうして初めて、部下は主体性をもって動けるようになるでしょう。

仕事をもっと任せたいとき

前の項目から一歩進んで、上司の目から見て、なんとなく成長が思わしくないと感じ、「もっとイキイキと働いてもらいたい」「思い切って仕事を任せてみたい」という思いを持つことも多いでしょう。

上司のギモン③

とにかく自信がないようです。仕事はきちんとこなしているので、もっと任せて自信をつけさせたいと思いますが、どんなところに気をつけたらよいのでしょうか。

自信をつけさせてあげたいというと、上から目線にも聞こえますが、今後の成果にもつながることでしょうし、上司からの親心ともいえるでしょう。

大事なのはやっぱりほめることです。すでに述べたように、小さな成功体験を積ませ、役立っていることを伝えること。できるだけ具体的に、何がどうよかったのかを伝えることが大事です。

大きな成果でなくても、資料作成が期限に間《ま》に合ったとか、直接仕事に関係のないことでも、元気にあいさつできたとか、早く来て仕事の準備をする心がけが素晴らしいとか、小さなことでよいのです。

ほめるに値する出来事を日々探すのも上司の仕事ですし、それこそ日常生活内の積み重ねで、信頼関係を築く一歩にもなるでしょう。

しかし、やはり自信につながるのは経験を積むことです。仕事を任せることは大いに有効で、その際は「信・任・認」という順番がポイントです。

まずは文字通りに、「信」じて「任」せることですが、そこで必要以上に手を出したり、失敗を避けようとして予防線を張ったり、先回りしてしまうと任せるということになりません。なるべく聞く耳を持ち、できるかできないかは二の次として、部下の考えをいったん受け入れてみましょう。

「よいアイデアだね。それはどのように考えたの?」

考えが生まれた経緯を聞き、それを尊重した上で、さらに発展させる方法を提示すれば、部下の目も輝いてくることでしょう。自分の意見を聞いてもらえたことだけでも、部下には自信につながるものです。

そして、任せたといっても、適宜報告をさせ、最終的には「認」めることが必要です。アイデア出しの時点でこちらが聞く姿勢を持っていることを示せば、それ以降の報告もスムーズに出てくるようになるものです。

とはいえ、いきなり重要案件を任せるのはリスクもあるでしょうから、フォローが可能なものから、任せてみることです。

できる上司に限って仕事を抱え込んでしまう傾向があります。今は多くの企業で人手も足りていませんから、プレイングマネージャーとして自分自身の仕事も持ちながら、マネジメントもしていかなければいけない状況にあるでしょう。

そんなときに「仕事はこうあるべき」として、こだわりを持ちすぎたり、自分でやったほうが早い、教えるのが面倒などと思って抱え込んでしまうと、自分の負担が増す上に、部下も育たないという悪循環に陥ります。

ですから、「なかなか任せられない」という自覚をお持ちの人は、積極的に仕事を手放す、あるいは分担することにチャレンジしてみてください。

Z世代はこれまでの世代のように、上司の判断を待ってくれません。自分は期待されていない、ここでは成長できないと思えば、あっさり離れてしまいます。

やる気を引き出したいとき

部下のモチベーションを高めたい、仕事をするからには気持ちよく働いてほしいし、それによって成果を出してほしい。上司が一番やきもきするところでしょうし、職場での永遠のテーマといえるかもしれません。

たとえば、とりあえず言われた仕事はやるけれど、なんとなくこなしているだけで、やらされているような印象が伝わってくる場合があります。

そこで何が必要なのかというと、抽象的な精神論だけでは効果がないですし、だからといってむりやり押しつけるわけにもいきません。

上司のギモン④

お金のために働いているという感じがアリアリで、こちらもあまり気持ちがよくありません。お金のために働くのは当然のことなので、これでいいのでしょうか。仕事のおもしろさはお金以外のところにもあると思うのですが、それをうまく伝えられません。

この問題は、Z世代に限らないかもしれませんが、生活のために働かないといけないから、100%納得はしていないけれどもやっている、というところでしょうか。

仕事だからやっている、そんな姿勢が感じられてしまうと、職場の雰囲気にも影響しますし、それは当然ながら業績にもつながってしまうものです。

もちろんお金のために働くという側面はあるのですから、給料が上がれば当然やる気も上がるのでしょうが、お金とやりがいと、両方があったほうが仕事のパフォーマンスも上がるものです。

では、どうしたらいいかというと、一つには「有意味感」を持ってもらうということが大事です。自分の仕事に「どんな意味があるのか」ということです。

そして、自分が関わった仕事がどのように実を結ぶか、その結果が見えないとやりがいにはつながりません。

どんな仕事でも、意欲をもって関われるかどうかはその人次第ですが、内容や目的もよくわからないまま、数字の計算や入力ばかりさせられたりして、これは何の意味があるんだろうなどと思ってしまうと、当然それは「やらされ仕事」になってしまいます。

興味の持てないことや負担の大きいことを強《し》いられれば、それがストレスに感じられるのは当然です。

そうならないためには関わっている物事の大枠を伝え、どんな仕組みになっていて、最終的にはこうなるという全体像がつかめると、やっていることがどんなに単純作業であっても、「意味のあることだ」と思えるでしょう。

そして、きちんと役割を果たしたことで、助かっていることを伝えることも欠かせません。

「○○さんがきちんと計算してくれたおかげで、無事に納品できたよ」

当たり前のことだと思うかもしれませんが、納期や決まり事を守って達成したことで最終的な商品やサービスにつながっていること、自分の働きがそこに役立っていることを、しっかりイメージできるように伝えるのです。

成果や実績だけでなく、プロセスを積み上げることはとても大事ですし、関わりのある人の名前を挙げて、「○○さんが助かってると言ってたよ」と伝えることでもいいでしょう。

会議や打ち合わせの際にきちんと発言ができたなら、「君の発言したあの一言がヒントになったよ」とか「重苦しい緊張が和らいだよ」ということでもよいのです。「あなたのしたことには意味があった」と伝え、理解してもらうことが重要です。

誰でもそうした声がけをされたら嬉しいものですが、社会人になって日の浅いZ世代には、視野を広げてもらうことにつながります。

所属する部署だけでなく会社全体、そして取引先も含め、自分の関わったことが大きな流れにつながっていて、そこには自分の役割がきちんとあることをわかってもらうのです。

そうすれば仕事の楽しさに気づくこともできますし、上司はそれを伝えるための声かけが大事になります。

中には頑《かたく》なな人やネガティブな人もいるでしょう。仕事がうまくいったときにも、「たまたまですよ」とか、「運がよかっただけです」などの反応が返ってきたり、ほめたり評価していることを伝えても、斜《しゃ》に構えた態度が返ってきたりすることもあります。それでも、上司の側がそこで引いたりせず、態度を変えないことも大切です。

また、成果があったときだけでなく、うまくいかなかったときの声がけも欠かせません。日本人は「きっと本人が気にしているから、そのことには触れずにおこう」と考える場合

もありますが、きちんと言葉にして、

「次はきっとうまくいくよ」

「もしわからないことがあったら、経験豊富な○○さんに相談するといいよ」

励ましや今後のためのアドバイスも一緒に伝えるとよいでしょう。仕事の全体像をつかみ、長いスパンを考えられるように導くとともに、「困ったときはきちんとサポートするよ」と明確に伝えるのです。

もうひとつ、単純なことにもかかわらず、意外とできていないのが、上司から部下に対して「ありがとう」の言葉を伝えることです。取引先には言えるのに、身近な部下には言えないのもおかしなことです。

仕事なんだからやって当たり前だという思いもあるでしょうし、言おうと思っても、いざとなると抵抗を感じてしまうことかもしれませんが、

「いつも○○してくれてありがとう」

「がんばってくれて助かっているよ」

　そんなことがさりげなく言えるようになると、部下も嬉しく思うでしょう。そして「この人のために頑張ろう」と思ってくれたり、やりがいやモチベーションを持てるようになると思います。そして、繁忙期の対応を求められたり、難しい課題につきあたっても、「上司を喜ばせたいから一肌脱ごう」という気持ちになってくれることもあるでしょう。

　やりがいを感じられる要素には、給料や職種、仕事上のステータスだけでなく、最終的には人間関係も大きいのではないでしょうか。

　ただし忘れてはいけないのは、感謝の言葉はただ言えばいいというものではなく、心がこもっていなければ、意味がありません。Z世代は本音で言っているかどうかに敏感です。

　部下が働いてくれること、毎日会社に来てくれることを当たり前だと思わずに、感謝の言葉やねぎらいの言葉を照れずに伝えられるようにトライしてみてください。

不満を解消させたいとき

配属先や転勤の有無など、かつては希望通りにならないことも多かったですが、今はだいぶ変わってきています。しかし、必ず思い通りになるとは限りません。

配属先などに関しては、思い通りにならなかったりすると、1章で紹介した「親ガチャ」ならぬ、「配属先ガチャ」という言葉があるほどです。

上司のギモン⑤

「面接のときに言われたことと違う」と、今の仕事に不満のようです。「まずは与えられた仕事をこなしましょう」と言っているのですが、どうも自分がやりたいことばかりに関心が向いてしまい、どのように説得したらよいか迷ってしまいます。

会社は必要な人員に対し、適性や経験値に応じて配置を決めるわけですが、たとえば最終に近い面接などの席で、会社が抱えているメインプロジェクトが話題にのぼり、「ぜひ力になってください」みたいな話があったりします。

そんなふうに言われたら、きっとその部署に配属されるのだろうと、その社員は期待するでしょう。でも、その後配属されたのはプロジェクトとはまったく関係がないところだったり、そうであっても新人は下働きをさせられたりします。あるいは、入社と同時に出向を命じられたり、しかも業種すら違う場合すらあるのは、実際にある話です。

しかし、部下のほうは「プロジェクトを一緒にやろうと言われたのにこんなことをさせられて……」と不満が募るばかり。どんな話だったのかにもよりますし、いきなり新入社員がそんな華々《はなばな》しい仕事ができるはずもないでしょうが、「話が違う」という思いになるのも無理もありません。

ボタンの掛け違いがあるなら話し合いが必要ですし、目の前にやらなければいけないことがあるなら、部下のほうも考えを改めるしかないのかもしれません。

配属の話はさておき、個人にとっての仕事とはどんなものであるかを分けると、3つのカテゴリーがあり、「好きなこと」「できること」「やるべきこと」に分けられます。

仕事を選ぶとき、どんな観点で選んでいるでしょうか。

自分で仕事を選ぶ場合、「好きなこと」＝「やりたいこと」が、「できること」と重なっていればやりがいにもつながりますし、なるべくなら両者が交わる部分が多いものを選ぶのがよいでしょう。

仕事なのですから「やるべきこと」という観点も忘れてはいけません。

上司であれば部下に仕事を割り振るときに、与えられたミッションにふさわしいのは誰か、部下一人ひとりの個性や適性を考えるでしょう。もちろん仕事ですから、成果を出せること、経験を積ませることを考慮して決めることになるでしょう。

そうした判断をするには、日頃から部下と話す機会を持つ必要がありますし、部下が何を望んでいて、どんなことを得意としているのかリストアップしておくこと、あるいは部下本人と話し合って、すりあわせることが大事です。

この3つは、アメリカの組織心理学の専門家であるマサチューセッツ工科大学のエドガー・シャインが提唱する理論の中で「3つの問い」と呼ばれます。仕事を選択する際に、最も大切にする価値観を「キャリアアンカー」と呼び、そのもとになるのがこれらの問いだというわけです。自分の好きなこと（WILL）、できること（CAN）、やるべきこと（MUST）はそれぞれどんなことか、というわけです。

この3つがたとえバラバラでも、どこか共通項を見出したり、あるいは近づけていくことが重要です。

私も仕事のお話をいただいたりすると、自分にとってどうかを考えます。そこで思うのは、自分がやりたいことというよりは、社会的にニーズがあって、提案をいただいたことが自分にできることであれば、求められたことをやるというのが正攻法なのではないかと考えます。

中には「好きなこと」でないとダメだというように、それを重要視する場合もあると思いますが、それでやっていけるなら、それに越したことはないと思うのですけれど、現実的にはそうはいかないこともあります。

好きなことやればいいんだよって。会社の中でも得意なことを伸ばせばいいんだよっていうのも一つの考え方ですが、それだけでよいとは言い切れません。

とくに会社や組織で働いているなら、自分が求められているものにもきちんと目配りをすることが必要です。

ですが、やるべきことではあっても、できないことを無理強《じ》いさせるのはいい結果にはつながらないでしょうし、できることの中でやるべきことというのを探していくことかもしれません。

あるいは、やっていくうちに得意になって、好きになることもあるでしょうし、あまりにも理想を追いすぎて「好きなこと」だけが前提になると自分を狭めてしまいます。Z世代では、会社から求められている「やるべきこと」に考えが及ばないかもしれませんし、「自分ができること」を把握できていない場合もあるでしょうから、そこは上司が適切に指導する必要があるでしょう。

「できることの中で、やるべきことを探していこう。できることと好きなことが重なることは何かという観点も忘れずにね」

気をつけたいのは、あまり理想論ばかりを掲げて「好きなこと」「できること」を追いかけてしまうと、「やるべきこと」を見失う危険性がある点です。

また、部下に「やるべきこと」ばかり追いかけさせすぎると、「やりたいこと」をまったくさせてくれない。この会社はダメだ」と思われてしまうかもしれませんので。

「好きなこと」というと、勝手なこと、わがままなことだととられてしまうかもしれませんが、それを追いかけるのは悪いことではありません。

好きなことは前向きになれますし、エネルギーを注《そそ》げたりしますから、好きなことを探すのは悪いことではありません。

上司世代には「仕事を好きかどうかなんて」と思う人もいるかもしれませんが、だからといって我慢を強いる時代ではありませんし、Z世代は社会貢献に関心を持つ人も多く、「やるべきこと」を魅力的に感じる人もいます。個人の考えはさまざまであるということに尽きるでしょう

体調が悪そうなとき

上司は部下を管理して仕事をさせるだけでなく、様子を見て休みを取らせる、つまり仕事を「させない」選択なり指示をするのも上司の役割です。

上司のギモン⑥

体調が悪いように見えますが、あえて、気を使って、心配して接したほうがいいでしょうか。それとも、仕事と直接の関係はないことですから、素知らぬ顔で接したほうがいいでしょうか。

変化に気づいたら迷わず声をかけましょう。

見て見ぬふりなんて、とんでもないことです。自分がマネジメントをしている部下は、一緒に仕事をする仲間であって、変化に気づいたら、迷わず声をかけることが大事です。それはほめるとき・叱るときと同じで、「あなたのことを気にしていますよ」というサインでもありますし、マネジメントの一環です。

そこで知っておくべきなのが、職場で求められる「安全配慮義務」です。労働契約法第5条に明記されている、「企業が従業員の生命や身体の安全を確保する義務」のことで、部下が一人でもいればこの責務を負うことになります。

かつては安全への配慮とは、職場環境において照明が暗すぎないか、暑すぎたり寒すぎることはないか、粉塵《ふんじん》が飛んでいないかなど、体への物理的な害がないかが重要でした。

しかし、2000年に広告代理店に勤める社員が過労を苦に自殺した電通過労自殺と呼ばれる案件が労働災害として会社の責任が認められた頃から、安全配慮義務は物理的な面だけでなく、メンタルの側面に関しても必要だと言われるようになっています。

さらに近年はメンタルヘルス対策が重要になっており、企業も対応を求められています。それは「ラインケア」と呼ばれ、職場の管理者が「部下の勤務状況に変化がないか」「仕事の能率が悪くなっていないか」「表情や動作、言動などにおかしいことはないか」などを観察し、相談に応じたり、状況によって専門家に連携するなどの対応を行います。

ちなみに、安全配慮への義務といっても、事故や問題が起こったらすべて会社の責任というわけではなく、「予防責任」とされています。つまり「結果責任」ではなく、何かあったとしても必ず責任が問われるとは限りません。

ただし、安全を守るのは部下のためだけでなく、会社のため、ひいては上司自身のためでもあるわけですから、変化に気づいたらきちんと関わるべきです。

「顔色が悪いようだけど、体調はどう?」「何か心配ごとはない?」

声をかけて何でもないですよと言われたらそれでいいわけですし、必要に応じて対策をとったり、働き方やスケジュールを調整することも必要です。

昨今は、会社にもよりますが、社内に産業医やカウンセラーがいたり、あるいは提携先があることも多く、電話相談が可能な場合もありますし、上司から部下に受診を促すことができます。

常日頃から、「もし必要性を感じたら、小さなことでも早めに連絡するように」と、常にアナウンスしておくのも大事です。

また、本章の冒頭で営業職の男性の話がありましたが、その会社では新入社員の1年目にカウンセリングルームを訪れて、最低1回はカウンセリングを受けることになっています。

一度行っておくと、本当に相談する必要ができたときに、受診のハードルも低くなりますし、よい仕組みではないでしょうか。必要に応じて利用するように部下にアナウンスしておくとよいと思います。

注意が必要なのは、欠勤が続くケースです。

メンタル面の問題も生じているかもしれないのですが、一度休んだらズルズルと出社ができなくなってしまうケースがあります。

休みの連絡で上司なり、会社とコンタクトを取っているなら、落ち着いたところで状況を聞かせてもらうことです。

たとえば熱があったり、病名がはっきりしていて体調がよくないときに無理に聞く必要はありませんが、仕事への意欲が下がってしまったり、気持ちの落ち込みがあるような場合には、あまり時間を置かずに確認をとったほうがよいでしょう。可能なら出社してもらうとよいのですが、難しければオンラインなどでも、顔が見える形で状況の確認をすることです。

上司が一人で抱え込み、どう対応したらいいかわからずに放置してしまうと、そのまま退職に至ったり、長期休暇が必要になることも。そうなると会社の負担も増えますし、双方にとってよくありませんから、早めに必要な対応を取ることです。

Z世代は、上司世代から見ると、気楽で自由に見えるかもしれませんが、当人たちは小さなことを気にしてストレスフルな環境下にいることを理解しておきましょう。

権利ばかりを主張してくるとき

上司の多くは中間管理職の人も多くいらっしゃるでしょう。

会社の上層部と部下たちとの板挟みにあったり、自分が若い頃はさんざん我慢と苦労を重ねてきたのに、（最近の若手社員は自由でいいなあ）などと思われたりすることはあるかもしれません。

上司のギモン⑦

権利ばかりを主張してきます。有給休暇や各種休暇は社員に与えられた権利ですから、行使するのはいいのですが、抑制的であってほしいと思うのは間違っているでしょうか。注意できないことなので困っています。

休みの希望など、当然の権利といわれているものが、どこまで本当の権利なのかとお困りになることもあるでしょう。

誰にも権利はあるでしょうが、基本的に権利を主張するためには、責務を全《まっと》うしなければばならない、というのがセットですから、与えられた仕事をきちんとやっていないのに、権利だけを主張するという場合は毅然と対応して問題ありません。

また、職種や業務によって、社員に休んでほしくない繁忙期があるでしょう。そんな時期に休み希望が出たとしたら、もちろん希望の理由にもよるでしょうが、「業務優先で、他の時期に休み希望を変更してくれないか」と話してみましょう。

そして、もちろん権利は権利であるものの、それは「仕事の責務と表裏一体としてあるものなんだよ」ときちんと説明することです。

そうしたときに日頃の信頼関係がカギになるかもしれません。

中にはそれでも引かず、「どうしてですか？」と屁理屈を言って食い下がってくる場合もあるでしょう。

休みの問題だけでなく、始業時間などに関しても同じです。

たとえば9時始業なのに、いつもギリギリに来る。それでは困ると指摘すると、「ちゃんと9時には来ています。社屋の玄関にいます。それのどこが悪いんですか？」と言い返してきたりします。

そこで「9時に仕事ができるように席についているのは常識だろう」とか、「社会人なんだからとにかく早く来い！」というような言い方をしてしまったら、「ハラスメントだ！」と言われてしまう。屁理屈が返ってきたら、それには理路整然と理屈で返すことが必要です。

「9時に仕事をスタートできる状態で、自分の机に座っていることが始業とみなします」

……と知らしめ、もちろん事前に具体的な擦り合わせをしておくことも大切です。社屋にいたとか、タイムカードを押した時間ではないことをはっきり伝えるのです。

何分前に来いとは言わないけれど、5分で支度《したく》できるんだったら5分前でけっこう、だけど9時には席についていなければいけないと。

屁理屈を言う社員には、何をどこまで、どういうふうにしてほしいのかということをきっちり詰める必要があって、そこまでしないと注意になりません。

たとえそこでイラッとしても、けっして感情的にならず、「うちではこうしてほしい」と、かみ砕いてスモールステップで教えましょう。

休みの連絡も、会社ごとにどういう手順が必要なのかが決められていると思いますが、近年では、メールや社内LINEでポーンと送ってきて、その後連絡がつかなくなることもあるようです。問い詰めると、「だって、休むって言いましたよね」と悪びれもせずに言ってきたりします。

急に欠勤をしてしまうと、その日に予定していた仕事や担当している仕事に関して、取引先などから問い合わせが来るかもしれないし、不在の間に発生することの申し送りだったり、連絡事項の共有も必要なのに、あっさり連絡がつかなくなってしまったりします。仕事の連絡なら、「返信があるまでは伝わったと思わないように」と事前に言葉で伝えておくことも大事です。

Z世代に限らず、若手であっても驚くほど意識の高い社員もいれば、耳を疑うような言い訳や屁理屈を平気で並べる社員もいます。

上司世代には頭の痛いことかもしれませんが、現場で混乱することのないように、そして、ちゃんと出社してルールを守っている社員に不平等とならないようにする必要があります。

それがないと、物事が起こるたびに右往左往してしまいます。だからといって、あまりがんじがらめになると息苦しくなってしまいますから、ある程度の線引きは必要ですが、大切なのは過去にこういうことがあったとか、こういうことがありそうだということを盛り込んだマニュアルなり、社内規定を整備することです。

私語が多いとき

わきあいあいと闊達《かったつ》な意見が飛び交う職場は、仕事でもよいアイデアが出たり、社員同士で気遣いが見られたり、雰囲気もよいことが多いものです。ですが、上司世代にはそれが受け入れられないこともあるでしょう。

上司のギモン⑧

おしゃべりがすぎるようです。社内融和にはいいのですが、仕事の緊張感に欠ける気がしています。周囲もおしゃべりに巻き込まれて、わいわい楽しくやっているようですが、どう注意したらいいのかわかりません。仕事自体はちゃんとやっているので、仕事上の注意というわけにもいかず、困ってしまいます。

疑問に対して、私自身は仕事ができているならいいのではないかと考えますが、もし業務遂行に支障が出ているようなら、毅然とした対応が必要でしょう。

たとえば、誰かが電話で話しているのに大声で話しているとか、仕事もそっちのけでおしゃべりばかりしているとか。もし、そこまでではないなら、適度な私語は職場の潤滑油になっていいと思います。

むしろ、あまりに静かすぎて、ちょっとしたことを喋りたくても喋れないなど、静かすぎるほうが問題ではないでしょうか。

仕事の電話をかけるときや上司や先輩に何か相談したくても、静かすぎると話しづらくなりますし、シーンとした中で誰かが話していると、聞くつもりはないのに耳に入ってきて、必要以上に気になってしまったりもします。

雑談ぐらいはよいといっても、特定の人同士やグループみたいなものができていて、輪に入れないような雰囲気になっていたりするなら、たまに上司も話に加わって、しゃべらないでいる人に、

「○○さんはどうなの？」

などと話を振ってあげたりするとよいかもしれません。

会議などの場で発言を促したり、その場をまとめる役割の人をファシリテーターといい

ますが、場の雰囲気を調整することができるでしょう。

補足ですが、企業の中にあるカウンセリングルームには、自分の意志で相談に来る人もいるのですが、「上司に行けと言われた」とか、「残業時間が増えてしまって」など、指示されて仕方なく来る人もいます。

そうすると、上司からの引き継ぎとか申し送りに「きっと喋らないと思います」とか、「何も話さないかもしれませんが、お手数をおかけします」みたいに書かれていることがあるのですが、そうして来た人で、今まで一人として喋らなかった人はいないのです。上司にはしゃべらないけれど、場が与えられて、聞く耳を持ってくれる人の前なら人は喋るものだと私は自分の経験上、思っています。

ですから、しゃべらない人にも振ってあげてほしいと思います。

自分から話しかけるのは苦手に思っている人はいますし、Z世代などには不特定多数のコミュニケーションに慣れていない人も多い傾向があります。

話したがらない人を無理に一緒にさせることはないですが、反対にグループになっている人たちが、特定の誰かを無視したり、排除している様子が見受けられたら、指導する必要があるかもしれません。

そういうことでもなければ、上司は中立の立場で見守っていればよいでしょう。

職場でよい雰囲気ができていれば、何かあったときに助け合えたり、結束力にもつながりますし、必要に応じて社員同士で交流されるのも職場の雰囲気づくりに役立つはずです。

質問が出てこないとき

仕事がうまくいっているのか、いないのか、相談も、質問もない。あまりに反応がないと、わかっていても上司のほうも聞きづらいという場合もあるかもしれません。

上司のギモン⑨

仕事も黙々とこなしてくれるのですが、何も質問をしてきません。聞いてくれれば、指導もできますが、話してくれないので何を考えているのかもわからず、余計に距離を感じてしまっています。

この疑問に限っていえば、「質問してくれればいいんだけど」という上司の側も「待ち」の姿勢なのが少し気になります。

Z世代は、基本的に「質問してこない」と思ったほうがよいでしょう。これに関しては、私もこう言い切ってしまうことができます。

彼らは何も考えていないわけではありません。不安だったり、わからないことがあったり、人に聞く必要がある状態なのに、それでも質問してこない。それは、聞き方やタイミングがわからないのです。

最近の相談例ですが、ある会社に派遣として来ていた方で、わからないことがあって業務が進められない、でも上司はとても忙しそうで、いつ声をかけていいかタイミングがわからないことがあったそうです。

今だったらいけるかな、今だったらいけるかなと、タイミングを見計らっているうちに、なんと1日が終わってしまったというのです。

私はそれを聞いて驚くばかりでしたが、彼女は仕事をさぼろうとしていたわけでもないし、まったく悪気はなく、忙しそうだから声をかけたら悪いかなと一人で悶々《もんもん》と悩んでいた、と。それに近い例は他にもありますから、もう珍しいことではなくなっているといえそうです。

ですから、上司の立場から言うなら、

「○○についてどうなってる?」
「○○でわからないことはないかな?」

というふうに定期的に声をかけたり、話す場を設けるということが必要です。

そこでの聞き方として、「○○はどう思う?」といった、回答の幅が広くなる「オープンクエスチョン」で聞くのがよいでしょう。

思ったことを自由に答えることができ、そこから会話をつなげていきやすくなります。

質問の仕方には「クローズドクエスチョン」というものもあります。それは「○○は好きですか?」「朝食は何を食べましたか?」など、イエス・ノーや簡潔に答えられる聞き方です。気負いなく、すぐ答えることができます。

状況に応じて、使い分けられるようにするとよいでしょう。

先の会話例では、最初の「どうなっているか」はオープンクエスチョン、「わからないことはないか」はクローズドクエスチョンです。

ただ、ここで注意したいのは、「質問はないか?」と聞いて、「ないです」という答えが返ってくると、「ああ、質問がないんだな」ということで安心してしまうケースもあるので、もう少し踏み込んだ質問をしたほうがよいかもしれません。

質問にまつわる問題でこんな例もあります。

ある外食チェーンで、先輩アルバイトがZ世代のアルバイトにレジ締めの手順などを教えた際に、ていねいに説明しながらやって見せて、最後に「何か質問はある？」と聞いたところ、質問がなかったので「じゃあやってみて」と言ったのですが、Z世代のアルバイトは全然何もできなかったのです。

それに対して「質問がなかったのにできないって、どういうこと？」と強い調子で追い詰めて、ハラスメント問題に発展してしまったことがあったそうです。

質問はある程度わかっていることにしか生まれないので、このようにたたみかけるのはよくない例ではあります。しかしZ世代の人たちに関しては、1章でも述べた通り、質問をするとか、臨機応変さを必要とするコミュニケーションに慣れていない傾向が強くありますので、より注意が必要です。

どのタイミングで、何をどう聞いたらいいかわからないというのは、単に経験不足もあるのでしょうが、彼らを部下として迎えるのだとしたら、とにかく「どこまで理解できているか」「質問はあるか」「困ったことはないか」と確認することが必要だということを肝《きも》に銘《めい》じておきましょう。

ハラスメントが気になるとき

パワハラ、セクハラ、モラハラなど、さまざまな状況でのハラスメントが取り沙汰されています。行為者にはそんなつもりがなくても、被害者がそう感じたら、ハラスメントが成立してしまうことを考えると、怖くて部下と話もできなくなったという声も聞かれます。

上司のギモン⑩

ハラスメント対策が広がるほど、異性の部下に外見やプライベートのことを話題にもしてはいけないのではないか、部下に強制だととられないように言わなければとか、怖くて部下と話せなくなってしまいました。業務のこともなんとなく話しづらくなってしまい、不安です。

パワハラ防止を義務づける法律が成立したのは２０１９年５月のことです。22年４月からは防止措置が全企業に義務化されました。

ハラスメント自体は当然許されるものではありません。被害に遭《あ》ったら、「止めてください」と意思を伝えることや、会社が整備した相談窓口に相談することが提唱されています。

私はこれまでさまざまな企業でハラスメント研修の講師をしてきましたが、パワハラひとつとっても、①優越的な関係を背景とした言動で、②業務上必要かつ相当な範囲を超えたものにより、③労働者の就業環境が害されるもので、３つの要素をすべて満たすものをいう、というような定義があります。（出典：厚生労働省『職場におけるパワーハラスメント対策が事業主の義務になりました』）

もちろんハラスメント対策には、「何を言ってはいけない」、「これをやってはいけない」と、禁止事項がとても多くあります。

でも、会社や上司も言ってはいけないことを意識しすぎて、疑問を挙げてくださった方のようにむしろ萎縮してしまい、業務に差し支えるように思える場合もあるほどです。

研修のやり方はいろいろありますが、最近私が担当している研修では、部下と関わらないのではなくて、むしろ「もっとフランクに関わることで関係性を作っていきましょう」という対策を教えるようにしています。

結局のところ、日頃から信頼関係ができているかが重要なのです。それができていないと、ちょっとしたことから過剰に反応して収まらなくなってしまうことが多いのです。ですから、まず関係性づくりをすることが、有効な対策になります。

具体的に言うと、「神経質になりすぎない」ことが大事です。気にしすぎてがんじがらめになっていたところを少しゆるめて寛容になること。そして関係を一方通行にしないことです。

通常、上司から部下への指導や注意は、「上から下へ」行くものです。業務を行う上で必要なものですから、むしろ毅然として行う必要がありますが、そうはいっても一方通行になってしまうとハラスメントだと言われかねません。

伝えるべきことは伝えながら、相手の話もしっかり聞き、受容する、受け止める。そうした姿勢で交流することが何よりの予防策になります。

大切なのが、私は「4H」と呼んでいるのですが、すべてHで始まる言葉で「比較、否定、非難、批判」の4つに注意することです。

〈4Hの具体例〉

比較 「○○さんはできたのに」と比べること。

否定「それじゃ全然ダメ！」と否定されること。
非難「あなたが悪いよね。どうしてできないの」とミスや欠点を責めること。
批判「いつもそうだよね。非常識じゃない？」と評価され、判定をくだすこと。

日常会話や部下から報告・連絡・相談を受けるときでも、これを避けることでハラスメント対策になります。

しかし実際には、「パワハラなんて言われちゃったら困るよなー」などと茶化しながら、無自覚にハラスメントの行為者になる場合もあれば、威圧的な態度を変えず、よそはよそ、という態度を変えない人もいます。職を失いたくなかったりとか、プロジェクトから外されたくなかったり、そこに力関係が存在するので、された側も黙認していたりします。

悪質なのはハラスメント対策の義務化を逆手にとって、「それってパワハラじゃないですか？」と脅すように「逆ハラスメント」をする人もいます。

そうした芽をいかにつんでいくか、それを管理する側がしっかり知識を備えているかが重要です。

ハラスメントは怖くない

最近では、さまざまな誤解を解き、正しい知識をお伝えするために「そんなことはハラスメントではありません」という研修もあえて行っています。

プライベートの話は厳禁ではありませんし、「言わない」「言えない」ことでハラスメントに発展しますから、双方できちんと話すことが必要です。そうすると上司世代からは、「これは問題なかったのか」「もっと話してみよう」という声が上がったりもします。

また部下のほうは、言えないまま我慢して爆発してしまったり、全部放り出してしまって退職に至る、という事態につながったりします。

そこで必要なのはやはり「話すこと」で、自分の考えを適切に伝える能力とされる「アサーション」のスキルを身につけることをお伝えしています。アサーションとは、自分も相手も同時に大切にするコミュニケーションスキルのことであるのは、ご存じのことと思います。

日本人は言わないことを美徳だと思いがちですが、不満なり言うべきことはきちんと言葉にして伝えるのがよく、「察してほしい」「わかるだろう」と安易に期待しないこと、そして話すときには感情的になりすぎないことが必要です。

また、上司世代からは「服装や外見を会話のきっかけとしてもいいものでしょうか」ということをよく聞かれますが、それを話題にしても問題ありません。

セクハラを拡大解釈し、敏感になりすぎる風潮もありますが、「髪、切ったんだ」「似合ってるね」などの会話がすべてアウトということはありません。

これまでのハラスメント教育では、「○○はダメ」「○○してはいけない」と言い過ぎて、それが行動制限のようになって、それを言ったらアウトと縛り付けるようなところがありました。業務の話と天気の話しかできないことになって、雑談もできなくなるのは職場としてどうなのかと思うほどです。

実際のところ、雑談のできない職場はトラブルが起こりやすくなります。

ハラスメント研修も当たり前になり、いろいろな教え方があるようですが、受けた方の話を聞くと部下から声をかけられたときの動作や言葉まで厳密に「こうしましょう」と規定している場合もあったりして、あまりに極端なことはさらに首を絞めてしまうことになりかねません。

先ほど、外見を話題にしてもかまわないと述べましたが、「似合ってるね」「かわいいね」は褒め言葉ですし、発言自体は問題ありませんが、セクハラになるのは多くの場合、踏み込みすぎるからです。

たとえば女性が新しい洋服やアクサリーなどをほめられて、「昨日買ったんですよ」などと返答するならほほえましい話ですみますが、重ねて「どこで買ったの？」とか、「今日デートなの？」みたいな聞き方になると、それは踏み込みすぎの可能性がありますし、やはりちょっと失礼ですよね。

男性に対しても、「そのネクタイ素敵ですね」ならほめ言葉の範疇ですし、言われたらうれしく感じるでしょう。でも「昨日と同じじゃない？」「家に帰ってないの？」みたいな話になると、ハラスメントだと受け止められかねません。

ですから服装や外見を話題にすること自体はまったく問題ありませんし、人間関係を作るためには、対面の機会で会話を重ねることで「単純接触効果」といって親近感が高まり、好意にもつながっていきます。

とある会社のカウンセリングルームに、新入社員の1人が「新しいスーツを新調したんだ」とうれしそうに見せに来てくれたことがあります。

話を聞くと、「職場では誰もほめてくれなかったから」と言うのです。

「みんなは気づかなかったんじゃなくて、言うタイミングがなかったのかもしれないね」みたいな話をしましたが、当人としては社会人らしくスーツを新調して、一言でもいいから「素敵だね」「がんばってるね」と言ってほしかったと残念な気持ちだったようです。

ハラスメントに発展することを恐れすぎて、人間らしい関わりを持たなくなってしまっているのは本末転倒です。威圧的な言動や人格をふみにじるのがダメなのは人として当然のことですが、間違った認識で、交流の機会を逃したり、心の窓を閉ざしてしまうことなく、豊かな関わりを持つことが、働きやすい職場にもつながるでしょう。

3章

Z世代を心強い味方にする方法

あいさつはどちらから？

Z世代を職場の仲間として迎え、味方にする方法を探っていきましょう。

人と人が顔を合わせたら、どんな場合にもあいさつから始まるものです。個人的に朝のあいさつで思い出すのは、中学時代の先生が気分の上下の激しい人だったことです。先生が扉をガラッと開けた瞬間に、「今日の先生のご機嫌はどうかな」と見定め、一喜一憂《いっきいちゆう》しながら朝のあいさつをしていた記憶があります。それはそれでクラスメイトの話題としては楽しい思い出なのですが、職場で朝からそんなふうにまわりの人にプレッシャーを与えるのもどうかと思いますし、一歩間違えば、パワハラではないかと言われかねません。

上司世代では「あいさつは下からするもの」という考えを持つ人も多いようです。しかし、あいさつにどちらが先ということもないでしょう。

とはいえZ世代では、あいさつを含めた対面のコミュニケーションにそもそもの不安を感じる人が多い傾向があります。

カウンセラーとして話を聞くと、「あいさつをするタイミングが難しい」という声を耳にします。

1対1の状況とか少人数の場合だったら、誰に向けて言えばいいのかがわかり、あいさつも言いやすいけれど、広いオフィスに複数の人がいて、それぞれに電話に出ていたり、パソコンに向かっていたり、中には入り口には背を向けている人もいて、誰にどのタイミングで、どんな大きさであいさつを言えばいいのかと、迷ってしまうのだそうです。

また、部屋に入ってきた人があいさつをしたときに、誰に向かって言っているのだろうかと疑問に思ったり、あいさつを返さなくていいのかと、戸惑《とまど》ったりすることもあるのだ、と。

自分は新人なのだし、きちんとあいさつをしなければいけない、黙って席につけばいいとも思えない。入り口で「おはようございます」と言ってみても、部屋が広ければ聞こえないのではないか……。

そうしたさまざまな思いが頭の中をぐるぐるめぐり、あいさつひとつで疲労困憊してしまうのです。

上司からしたら、あいさつ一つでそんなにナイーブになっているなんて、と思うかもしれませんが、そこはやはり上司から積極的に声をかけていきたいものです。

こんなエピソードがあります。

ある新入社員は、毎日早めに出社して、まだ他の社員が来ていない中で仕事を始めるそうですが、その日は作業に集中していたために、指導係の先輩へのあいさつをしそびれてしまいました。

途中で先輩が自分の後ろの席で仕事をしているのに気づいて、しまったと思いながら仕事を続けていたら、途中でわからないことが出てきたそうです。普段なら先輩に聞きに行くところですが、その日は（自分は朝のあいさつもしてないのに質問しに行けない……）と思ってしまい、結局、質問できなかったのだそうです。

上司や先輩からみれば一笑に付すようなことですし、わからないのに質問しないなんてそちらのほうがとんでもない、どうしてそんなふうに融通がきかないんだろうとあきれるかもしれませんが、本人はどうしたらいいのだろうと困り切ってしまっていたわけです。

あいさつはどちらからしてもいいものです。その先輩があいさつをしなかったとしたら、それも問題ですが、新人がそれほど集中して作業をしている姿をみて声をかけなかったのかもしれません。

いずれにしても、上司からでも、部下からでも、気づいたほうからあいさつをすればよく、上司は積極的に自分から声をかけて、見本を見せるのがよいでしょう。

大勢のいるところで、どうあいさつをしたらよいか迷ってしまうという新人社員には、名前を呼びかけてあいさつをすればよいのだと指導しましょう。


「〇〇さん、おはようございます」

「〇〇さん、お疲れ様でした」


そうすると自分に言われたのだとわかるし、返答もしやすくなります。

名前を呼びかけることは、（あなたを認めていますよ）という承認のサインになるため親近感が深まりますし、仕事の上でも名前を呼びかけると印象づけることができます。

そうしたやりとりから信頼関係ができると、もしミスやトラブルが起こったときに、少しくらいのことなら払拭することもでき、大きな問題にならずにすむこともあります。

もちろん、それにあぐらをかいてはいけませんが、関係性ができていなかったりすると、些細《ささい》なことが大きな問題に発展してしまったりします。さまざまなハラスメントもそうしたところから大きくなることがあるものです。

本来、あいさつはそうした目的をもってするものではありませんが、日々気持ちよく過ごすことにもつながり、職場の雰囲気づくりにも役立ちますから、気持ちの良いあいさつを率先して行いたいものです。

指示がないと動けない？

組織で働いていれば、その中に達成すべき数値や目標もあり、それを管理するために報告・連絡・相談の必要性があり、必要に応じて上司は適切な指示を出す必要があります。

上司にも、「○○から○○まで、○分後にやれ」などと事細かに管理をしたがる人、ある程度任せて放任する人、いろんなタイプがいるものです。

部下のほうも自分で考えて動けることができるにこしたことはありません。上司が聞く耳を持っていないと困りますが、双方から意見を出し合えば、最終的な決断をするのは上司だとしても、より建設的な話し合いができるからです。

入社したばかりの新人にはもちろん無理だとしても、上司にすれば部下がある程度自分で考えて仕事を進められることを望むでしょう。

ところが、これまでの世代とZ世代は「少し違ってきているようだ」と感じることが多々あるようです。

たとえば、上司からすると「よかれと思って」、ある程度の自由度を残して仕事を任せたにもかかわらず、Z世代はそれが理解できなかったりします。

しかも、2章でも述べましたが、確認や質問すら出てこないこともあります。そうすると結局どこかでつまずいたり、時間が経ち、しかも上司から催促してやっと「指示がよくわからない」と言い出したりすることも。

当然ながら「なぜもっと早くに言わないのか」と言いたくなるでしょうし、自分も若い頃は上司や先輩に聞いたりしてやってきた、無理なことを言っているわけではないはずなのに……と頭を抱えてしまうこともあるかもしれません。

でも、それは単に経験不足からとは限らず、Z世代ならではの特徴で、指示があいまいであればあるほど、仕事へのモチベーションが下がってしまうという傾向があるからです。

また、彼らは「失敗をしたくない」という思いがあります。これまでやってきた学生時代の勉強や資格試験、そのほか趣味やプライベートであっても、今はあらゆるものにマニュアルやハウツー、トリセツ（取扱説明書）が存在します。彼らはそれをもとに〝攻略〟してきました。

彼らは何かわからないことがあると、すぐに検索します。すると今は動画の解説なども含め、さまざまな情報がヒットするので、その中から選ぶことに慣れています。

でも仕事に関しては、ぴったりはまる答えがすぐに見つかるわけではありません。そこで彼らは戸惑い、（どうしたらいいだろう？）と頭を抱えてしまいます。画面上に砂時計がぐるぐる回り続け、結局フリーズしてしまうのです。

そのまま放置してしまうと、不満とストレスで爆発してしまったり、「わからない指示をした上司が悪い」とパワハラ扱いされてしまったりすることもあります。

考えてみれば、終身雇用制度というものがすっかり影をひそめ、昔なら「入社して1年目は何もわからなくても、5年後にできるようになっていればいいんだよ」と言って、新人を長い目で見守ることができました。でも、今はそんな考えは通用しません。

新人は新人なりに、何かしらの役割を果たし、成果を出すことが求められる時代ですから、できないまま放置するわけにはいきません。

そのため、手取り足取り教えて指導するしかありませんし、指示の内容がわかっているのかどうか、しっかり確認をしておくことが必要です。

たとえば、上司が部下に「会議の準備をしておくように」と指示をしたとします。昔気質の上司は「ちゃんとしとけ」と言っただけ。それで指示が伝わったと思っていますが、「ちゃんと」の意味合いはどういうことなのか、伝えていないわけです。

それは会議室を取っておくことなのか、人数分のお茶や資料を印刷したりすることなのか、上司の頭の中には、「会議はこう行われるべき」というイメージがあるのでしょうが、何を「ちゃんと」するのか、言わなければ部下にはわかりません。

もちろん部下もそこで確認すべきですが、威圧的な上司だったりすると、きちんと聞けなかったりします。すると案の定、上司が思い描いた通りにはなっておらず、そうした上司に限って強い調子で叱責してしまい、部下によってはたった一つの失敗でそこから会社に行けなくなってしまうこともあります。

指示をするときは、何を、どれだけ、いつまでにと具体的に伝える必要があります。子どもじゃないんだから、そこまで言う必要があるのかと思ってしまったら、それこそトラブルのもとになるだけです。

一億総マニュアル時代

今は、さまざまな職場や業務に、新人なら新人向けの「今すぐにできるようになる」マニュアルや業務フローが存在します。

最近は空き時間に応募してすぐに働くことができるサービスもありますし、その日初めてその職場に行く人がすぐに対応できるようなマニュアルができていたりします。

Z世代のようなマニュアル世代には、やるべき作業を明確に教え、何をいつまでにどう行うかを記した細かい指示が必要になります。

そして重要なのは、「指示を理解しているか？」をしっかり確認し、任せきりにせず、適宜状況を報告させたり、あるいは上司から確認することも欠かせないでしょう。

「それでは創造性が育まれないんじゃないか」

「1から10までお膳立てをしてやらなきゃいけないのか」と不安になることもあるでしょうが、そもそも基本とは一度教えればよいというものではなく、慣れるまで行うものです。

見て覚えろという時代ではありませんし、とにかく「型通りにやってください」というところから始めるしかありません。
ときには、

「一緒にやろう」「こういうふうにやってみようか」

と伝え、様子を見ながら少しずつ任せていき、トライアンドエラーを繰り返していくうちに、少しずつ自主性が生まれてくるでしょう。

ポイントはマニュアルやフローを明確に作ること。そうしないとZ世代はやる気をなくしがちですし、離職も増えてしまいます。

昨今は、面接のマニュアル本はもとより、入社試験のためのハウツーを教える就職支援会社まであります。就職試験も志望動機や自己PRを精査するというより、試験をクリアするための訓練を積んで試験に臨むことも増えているのが実情です。

その結果、採用したところ見かけ倒しで、企業の人事担当からすれば「こんなはずじゃなかった」と首をひねってしまうケースもあるという話を聞くことがあります。

私もキャリアコンサルタントをしていますから、自己アピールとして「何ができるか」を伝えることの大切さをよくお伝えしています。

とはいえ、Z世代がいくらマニュアル攻略を得意としていても、要領のいい人ばかりではありません。

たとえば、「内定を獲得するためにはとにかく主張をしなければいけない」といきり立ち、面接の場で、「パソコンができます!」と自信満々で言い切る人もいます。企業側からすれば、マーケティングデータの解析とか、プレゼン用の資料作成などを意図して「パソコンができるんだね」と言うのですが、実情はメールのやり取りとか、基本的なことしかできない場合もあったりします。

最近は、採用面接も企業の人事担当者ではなく、外部の専門家に業務を一任していて、いわば社外の〝プロ〟が採用を担《にな》うこともある時代ですが、企業側は何がどれくらいできるのかを確認すべきですし、本人は、後で自分の首を絞めないように、発言したら、その分努力をしてくれればと思うばかりです。

余談ですが、最近は中途採用も増え、複数面談でたくさんの人を採用するケースも少なくなってきています。

面接だと、どうしてもアピールしがちになったり、あるいは口下手な人は表現しきれずに損をしてしまうこともあります。

しかし、その人の本質やコミュニケーション能力を見極めるには、グループ面接や、グループディスカッションのような形をとると、他の人が発言しているときに聞く姿勢がもてているか、人の意見を聞いて発言することができるか、自分のことばかり考えていないか、などがよくわかります。

仕事のエンゲージメントを高める

部下から提出された書類にミスや不備が増えたり、時間を守れないなど、上司から見て「どうも気が入っていないな」と思うこともあります。

何か事情があるなら別ですが、そういうこともないのに「本腰を入れて取り組めていない」と映る場合はどうしたらよいでしょうか。

会社は教育機関ではないですし、業務が滞ってしまったり、遅延するようだったら、早い段階で何かしらの手を打たなくてはいけません。

やる気がない、本腰を入れて仕事をしてくれないかどうかは、何か指示をしたときの返答からも判断することができます。

何か指示をしたり、提案をすると、「いや、それは」とネガティブ気味に反論したり、「いちおうやってみますけど」「検討しておきますが」という言葉が増えてきたら、注意が必要です。

「しっかりしろ」「気合い入れてやってるのか」などと激励をするのは逆効果になります

から、注意してください。イソップ寓話の『北風と太陽』ではないですが、「自然にやりたくなる」ような自発的な気持ちを引き出すことです。

そんな魔法のようなことができるのか、と思われるでしょうか。

そこで必要なのは、不安が強い若い世代には、前向きな気持ちで仕事に取り組んでもらうことです。

心理学者のアドラーが提唱していたのは「共同体感覚」を持つことでした。それには「人は自分の帰属している組織の中で落ち着いて過ごすことができると、安心感が生まれる」という理論がもとになっています。

アドラーはそれを幸福感とも言いますが、その感覚は一長一短には得られません。そこで必要になるものの1つは「他者信頼」といいます。文字通りに「私には助けてくれる仲間がいる」「困った時にサポートしてくれる人や態勢がある」と信じられることです。

もう1つは「自己信頼」で、「私はできる」「役に立てる」という「自己肯定感」を持てることです。

自分や他者を信じられることで、「自分はここにいてもいい」「自分の居場所がある」と思うことができ、そうして地に足のついた感覚をもつとともに、与えられた仕事に真摯《しんし》に取り組もうと思えるのです。

それには、場作りが大事です。折に触れて声をかけ、言葉を交わすといったやりとりができる環境を作ることです。

今は勤務時間がフレックス制になっていたり、リモートワークの人がいたり、業種によっては勤務時間が違う人とは一切顔を合わせないなど、働き方もさまざまです。

また、同じ職場内にいても、みんなそれぞれにパソコンに向かっていたりすると、近くに居ても直接話すことがほとんどありません。

そうした場合には、とくに相手の話を聞くことを心がけることが大切。何か意見を言う必要があるときは、いわゆる「アイメッセージ」の技法を心がけるとよいでしょう。

これはアメリカの心理学者トマス・ゴードンが提唱した手法で、相手を批判したり、判断することをせず、「私はこう思っていますよ」という自分（I）を主語にした話し方をすることで良好な人間関係を築いていくことができる、というものです。

つまり、自分の居場所をもち、他者を信頼し、安心できる交流の時間をもつことで、落ち着いて仕事に取り組むことができ、結果として仕事の質も高まるといえるのです。

自分の仕事や会社に愛着をもち、さらに前向きに取り組んでいこうとすることを「エンゲージメントを高める」ともいいます。

ここの会社にいるからこそ、自分の良さが発揮できるとか、長くここにいたいと思えるような組織作りができるとまさにエンゲージメントにつながります。

働き方改革の時代ですが、中でも「人的資本経営」という考え方が広まり、人を資本ととらえ、企業価値を高めていくことが重要視されています。

そこでは職種ごとに人を採用する、つまり「仕事に人をつける」という考えの「ジョブ型雇用」が増えており、職務や役割を実行できる人材かどうかが採用の基準になります。自分の特性や持っている資格、これまでの経験が活かせることで、働きがいとか、やりがいにつながります。

一方、従来型の採用方法を「メンバーシップ型雇用」と呼びます。こちらは「人に対して仕事を割り当てる」というもので、会社の中でさまざまな部署や役職をローテーションで経験させ、少しずつステップアップさせていくものです。これは終身雇用が前提だったかつての日本企業のあり方です。

どのような雇用形態を選択するかは各企業の判断によりますが、自分のやりたいことで仕事を選ぶ、できることを活かして転職するという傾向は、Z世代にとって受け入れやすい考えのようです。

若い世代は転職への抵抗はほとんどありませんし、入った会社でやりたいことができないとわかったら、がまんすることなくあっさり移ってしまいます。

そこで大切なのは、上からものを言ったり、彼らが自分でやりがいを見つけるのを待つのではなく、会社や仕事に対して信頼と愛着を感じられ、自由にものが言えて、「ここでがんばって切磋琢磨《せっさたくま》することが自分を成長させてくれる」と思えるような職場環境を作ることです。

部下とほどよい距離感を保ち、自由でありながら、適切な目標と指示のもとで働くことができれば、注文の多い若者世代も喜んでついてくるでしょう。それにはマニュアルはありませんが、実現できるかどうかは上司にかかっているかもしれません。

「いつでも相談して」はNG

指示がないと動けないというなら、細かく指示を出し、手取り足取り指導をしようと考え、「何かあれば、いつでも相談してきていいよ」と言いたくなるでしょうが、そこに関してはちょっと待ってください。

もちろん進捗の把握をしたいわけですから、連絡をしてもらうことは重要です。それは、あなたも組織の一員であって、大事な存在だよ、いつも見ているし、サポートする体制があるよ、というサインにもなります。

ただそのときに「何かあったら話して」とか、「言ってくれないとわからないよ」という言い方をしてしまうと、言われたほうにしてみれば強制的なニュアンスが含まれています。

部下のほうでは、（そんなふうに言われても話しづらいこともあるし、話したいことがいつもあるわけではない、結局自分のことをわかってないんだ、困ったな）となってしまったりします。

　また、「何でも聞くよ」とか、「いつでも聞くよ」と言っても、それでは大雑把すぎて、かえって相談できないという声をよく聞きます。

「何でも」と言ったことで、本当に何でもいいと部下は受け取ってしまうことがあり、上司にしてみれば、そんなことを聞いてくるのか、というケースがあったりします。

　また、仕事上のことで悩んだり、戸惑うことはあっても、何をどう質問していいかわからないこともあるようです。

　だから、上司はよかれと思って「なんでも聞くよ」と言えば、「何か聞いてくるだろう」と思う一方で、部下は、本当に困っているんだけど、結局何も聞いてこない、あるいは聞けないという不毛な状態になってしまったりします。

　現実的には「聞いてあげたい」という気持ちに嘘はないとしても、実際のところ、自分の仕事も抱えているわけですから、本当にいつでもOKではないはずです。

　当然、会議やアポイントが詰まっていて忙しい時もあるでしょうし、今はメール以外にも携帯の文字ツールで、メッセンジャーやLINE、ショートメールなどでも連絡ができるので、就業時間外、下手したら夜中に連絡がある場合も実際にあります。

　着信時間や内容によって「ちょっとこれは」と思ってしまいスルーしてしまったり、そもそも気づかなかったりして、返事をしなかったりすると、「いつでもいいと言ったのに、なんで返事くれないんですか」みたいなことが起こることもあります。

アプリによっては「既読」がついたりします。Z世代など若者層にとって、送ったメッセージに既読がついたか、返信がいつどのようにあったかなどは、非常に重要なことです。そうしたメッセージのやりとりに対して、思春期の頃からそうしたツールを使っている若者は大人にはわからない感覚をもっているのです。

上司の感覚では、便宜上、あるいは社交辞令のような感覚で、「いつでも」と言ったけれど、「本当にいつでも」は不可能で、考えればわかるでしょうと思っていたとしても、それは若者には通じなかったりします。

いつでもと言ったのに、いつでもではない、という矛盾する状態のことを「ダブルバインド」（二重拘束）といいます。

いつでも聞くよと言われたから相談しに行ったのに、「今忙しいから後にして」と言われたり、内容が些細なことで「そのくらい自分で考えてくれる？」といった返答をしたりすると、部下のほうは口にしなかったとしても、「もう二度と相談しに行くのはやめよう」と思ってしまったりします。

部下から上司に話をするのは簡単なことではなく、部下は頑張って頑張って、今ならいいだろうかと悩んだ挙げ句に相談しに言ったのに、「今忙しいから後にして」などと言われたりすると、拒否されたような気持ちになってしまうこともあるのです。

もちろん部下の側もいろんなタイプがいますから、全員がそんなふうに思うわけではないでしょうが、実際にこうしたことは起こっています。

日頃、雑談などができているならいいですが、そうでない場合は、話のきっかけを提供することが重要です。

相談をしやすくし、良好な関係を築くために、そのような声かけの例を挙げると、

「最近どう？」
「○○について困っていることはない？」

「○○はどう？」と聞く方法は、２章でも紹介した「オープンクエスチョン」で、話の幅を広げ、相手にある程度の主導権を与えることができます。

また、「○○について」など限定的に聞くことは、絞り込むことで答えやすくなり、会

話を展開しやすくなります。

また、部下にはもちろん相談をしてほしいし、気持ちとしては「いつでも」だといっても、実際は無理だとしたら、可能な時間を提示してあげましょう。

「○時以降だったらまとまった時間が取れるよ」
「○曜日だったら会議がないから、タイミングのいい時に声かけて」

「いつだったらいいか」をあらかじめ伝えておくと、それなら「それまでによく考えて、○時以降に相談しようか」と、部下のほうも検討する時間も含めて考えることができますし、上司のほうも、ある程度の心づもりができますから、お互いにとってよいでしょう。

相談には「答えない」のがコツ

部下から質問があったら、それに回答をするのが上司の役目のはずなのに、なぜかと思われるでしょう。相談に答えるために、問いかけの仕方とか、時間の目安まで配慮していたはずなのに、と。

もちろんZ世代との信頼関係を深め、よりよい交流を持つことで彼らに成長してもらいたいし、それも含めて日々の業務をスムーズに進め、業績を上げることが至上命題になるでしょう。

そこでお伝えしたいことは、相談に答えなくてもいい場合もあるということです。

たとえば、部下が「相談したいことがあります」と言ってきたとき、そこにはいろんな思惑があります。その中には、相談といいながら、「話を聞いてほしい」というのが本音だったりします。

そこにあるのは「わかってほしい」というのが一番の思いで、相手の意見を求めているわけではないのです。

ですから、そんなときは耳を傾けることが大切で、答えなくていいのです。

ところが、それを理解していないと、「良き上司として部下の相談に答えなければ！」と気負ってしまい、話をろくに聞かずに、「だから、それはね」とか、「それ知ってるよ」みたいな言い方で部下の話を遮《さえぎ》り、ひどいときは少々かぶせ気味に話したりして、部下のほうは（結局、私の話を聞いてくれなかった）と思うだけで、（もう二度と相談しない）とまで思わせてしまい、逆効果になることがあります。

さらに（相談しようと思ったのに、聞いてくれなくて結局課長ばっかり話していた）とか、（説教されて終わった）みたいな感じになることもあります。

上司のほうは、そんな部下の気持ちも知らず、でも相談してくれたことはうれしくて、あれも教えてあげよう、この情報もあげよう、体験談も話してあげようという気持ちだったにもかかわらず、最悪の場合「ウザい」と思われてしまったりします。

ボタンの掛け違いというか、気持ちがすれ違ってしまうと、双方が不幸な状況になってしまうわけです。

ここで知っておくべきことは、**質問・相談には、答えていいものと、答えなくていいものが存在する**ということです。

答えていいものとは、「この書類はどうやって書くんですか」とか。「この部分は誰に聞けばいいんですか」などといった、問いに対して確実な答えがあり、上司にはその知識があってすぐに解決ができるものです。その場合はすみやかに答えてください。

反対に、答えなくてもいい場合とは、「○○はどう思いますか」とか、「ご意見聞かせてください」というような質問です。

それは質問の形を取った（私がそれに対してこだわりを持っています）というアピールであったり、（意見があります）とか、（困ってます）など、聞きたいというより「上司に伝えたい」サインなのです。

ときには「部長が私だけに厳しいような気がするんですけど、どう思いますか？」みたいに言われ、「部長はそういう人なんだよ、ちょっと口が悪いところがあるよね」などといった的《まと》外れな回答をしてしまったりします。

そこで求められているのは、一緒になって噂話をすることではありません。

発言にあった事象に関して、上記の場合では「自分が厳しくされている」と感じるなら、どんなときに、どういうことで厳しくて、本人は何に困っているのか、それは嫌なのか、あるいは自分ばかりが差別されていると思っているのか。あるいは、単純に気持ちを聞いてほしいだけだったりします。

そんなときは、「そういうふうに思うんだね。それでどうしたの?」というふうに、質問には質問で返すことが必要で、こういう質問は軽々しく答えないほうがいいでしょう。

質問に答えるというときに使うのは、回答としての「答える」ですが、どう思いますかという類《たぐ》いの質問に対しては、応じるの「応《こた》える」というイメージで関わることです。

質問や相談をされたからといって、自分の考えや体験談を話すのではなく、相手の話を聞くことのほうが主だと考えたほうがよいでしょう。

もちろん状況によっては、自分の経験を話すことが役立つ場合もあるでしょうから、今求められているのは何なのかを、よく見極めましょう。

社会人として経験の浅い若者世代は、うまく話ができる場合ばかりではないかもしれません。話のポイントがわかりにくく、本当は何を言いたいのかがつかめないこともあるでしょう。また、話を聞くとはいっても、時間は無限にあるわけではありません。

そこで、知っておくとよいのが「時間の構造化」という考え方です。カウンセリングでも、あるいは会議や面談でも、時間の目安を決め、過ごし方の趣旨をはっきりさせることは大事で、たとえば面談の時間が30分可能であるなら、「30分だったら話聞けるよ」とか時間を明示するのです。

「今から3時まで会議室取ったから、ちょっと話を聞こうか」

今からこのぐらいの時間、あなたと向き合うよというメッセージになるとともに、時間が決まっていることで、有効に使おうという気持ちになります。

先に時間を明示されないでいて、30分経って「そろそろ」などと言われると、「もう少し話したかったのに途中で切り上げられた」と不満が残ったりすることもあります、

逆に、面談や会議などで厳しい話をしなければならないときは、時間が決まっていることで部下の負担を多少なりとも軽くすることにもなります。

相談に答えるというのは、「話す」よりも「聞く」スタンスが大事です。職場の雰囲気をよい状態に保つために、日頃から部下の話に耳を傾けておくことで、何かトラブルが起きる前に察知しやすくなり、問題の解決もスムーズになります。

また、不安や不満を抱えている社員は急に会社に来なくなってしまう場合があります。そんな場合にも早めに気づいて、必要な措置をとることができることもあるでしょう。

もうひとつのパターンで、上司からすれば「答えずに話を聞くのがいいだろう」と思っていても、部下から食い下がられて「課長だったらどう思いますか？　AとBのどちらを選びますか？」などと答えを迫られる場合もあります。

人によっては、「それなら……」とあっさり答えてしまう人もいるかもしれませんが、なるべくならそこは答えるべきではないでしょう。

そんな場合は、１つの例としては質問に質問で返します。

「Aのメリットと Bのメリットはどうですか？」と相手に話を戻し、視点を変えてみたり、自分で考えるきっかけを与えるような働きかけをもってもらうようにするわけですが、それでもどうしても食い下がってくる人はいます。

「ぜひ知りたいんです」という調子で食い下がられたら、そこで答えないことにこだわって、部下との関係を必要以上に悪くすることもないので、

「……あなたと意見は違うかもしれませんが、私だったらこう考えます」

という言い方をして、何かしらの返答をするのです。とくに見本がほしいZ世代などは、それで安心する場合もありますし、いつもそれでいいわけではありませんから、その後の部下の様子などを見ながら以後の対応の仕方を考えていくようにしましょう。

Z世代をスキルアップさせるには

一見、何を考えているかわからず、不満などなさそうに見えて、Z世代の若者はいろんな不安を抱えています。でもそれがうまく言えなかったり、なおかつ上司の真意もわからないために、上司が望むようには動いてくれないことも往々《おうおう》にしてあります。

もっと自主的に行動してほしいのに、指示したことしかしない。そんな場合、「言われたことしかしないのは、自分の指示や指導が足りないのか」と思ってしまうでしょう。

言われたことはちゃんとできるのなら、部下は内心（それ以上のことはしてはいけない）と思っていて、けっしてさぼっているわけではなく、言われたこと以外をするのに抵抗を感じる可能性があります。

Z世代は「失敗したくない」という思いを抱えていると述べましたが、そう言うといわゆる〝いい子ちゃん〟のイメージに映りますが、彼らはそれがいいと考え、あえてそうした行動をしているというよりも、上の世代以上に危険を冒《おか》したくない、もしくは損をかぶりたくない思いが強く、したくてもできないといったほうがいいでしょう。

余計なことをして汚点を作るぐらいだったら、やらないほうがいいと考えていて、慎重なのか、プライドが高いのか、あるいはドライなのか。上司の目からはどれも当てはまるように思えます。

サボっているとか、〝猫をかぶっている〟とかでもなく、いわば〝省エネ〟的な思考をするようにできているといったところで、やはり価値観の違いとしかいえません。

すでに「質問が出てこない」などの場合を紹介しましたが、上司はこれまでの感覚で彼らの変化を待っていても、待ちぼうけになってしまいます。

例えば、業務に関連して提案をしてほしいなら、それを促すような土台作りが必要です。

「こんな見本を参考にして、こういう形で提案してほしい」

具体的な見本や参考事例をわかりやすく示してお膳立てをすると、そこまですればきちんと対応してくれるでしょう。

彼らは口火を切ったり、ゼロから作ることが苦手で、どんなものが求められているのか参考事例がないと動くことができません。

企画やアイデアを形にしたり、人とのコミュニケーションにおいても、最初の一歩に対して、とてもハードルが高いものに感じてしまうのです。

ですから、そんな彼らに対して、「なにかおもしろいものを作って」とか、強引に仕向けようとしても、不安にさせてしまうだけです。

漠然とした指示はとにかく苦手で、昔の感覚でちょっと無理な指示をすると「パワハラだ」「ブラックな職場だ」と思ってしまい、下手したらそのままＳＮＳに書き込んでしまうこともあります。何か指示をしたら、きちんと理解をしているかどうかをよく確認し、反応をたしかめながら誘導していきましょう。

彼らの特性を踏まえ、上司としては彼らを仕事に慣れさせ、彼らにもやりがいをもって働いてもらうために、どうスキルアップをさせたらいいでしょうか。

まず、１つの方法は、上司はわかりきっている問題に対し、彼らの理解を確認させるような形で問いかける方法です。

「○○と言われたら、どう答える?」

ポイントは、与えた問いに対して、適切なプロセスを経て、答えを導き出せるかです。日頃、ルーティンとして行っている業務にどんな意味があって、どういうしくみで何を目的としてやっているのかを確認することです。

そこで、本人に相談する形で、これどうなんだろうね、どう思うかな、という言い方をするようにします。

「そのためにはどうきっかけを作るといいと思う?」
「○○さんはどうしたい?」

そこから一歩進んで、新たな展開をするなら何が必要か、どう変えていくと発展につながるか、意識させるのです。

また、そこに本人を関わらせて、自分の役割や居場所を意識させる、自分から行動を起こすことができるようになるためにも、「どうしていきたいか」と希望を問うような形で、(そもそも私はどう思っているか、どうしたいのか)と考えてもらうようにします。

「○○の資格にチャレンジしてみない？」

次に、業務に関わる資格とか、何かしらの新しいプロジェクトにチャレンジするように促すのもステップアップのきっかけになります。

ただし、私が相談された事例では、上司や先輩から次から次へと「この資格を取った方がいいよ、そのためにはこれを使って」と勧められ、自分の使っていた参考書をごっそり渡され、それがプレッシャーで嫌だったという相談を受けたこともありますから、やりすぎには注意したほうがいいかもしれません。

Z世代との交流には、ランチか飲み会か

よくメディアなどで、若者の本音として「忘年会に参加するのが億劫《おっくう》だ」とか、「上司から誘われたくない」というのが取り上げられます。

一般的な若者のイメージとしては、大勢でワイワイするのが苦手で、飲み会なんて時間の無駄だと捉えられています。大事なのはワークライフバランスで、もっと自分の時間を大切にしたいし、「飲み会がある」なんていうと露骨《ろこつ》に嫌な顔をして、「会社の飲み会なら、仕事ですよね。残業代はつきますか？」などと聞いたりする……。

しかしそれは、さまざまな事象の中で、そうした考えの人もいるにはいるのでしょうが、ときにおもしろおかしく取り上げた「虚像」にすぎない場合もあります。

そこで私は、企業内のカウンセリングルームにいたときに新入社員に関わる機会も多かったので、「上司からご飯とか飲み会とかに誘われたら、行きたくないですか、どうですか？」とざっくばらんに聞いてみました。

そうすると、意外にも8割の若者は「行きたい」と答えます。

彼らが言うには「大人数の飲み会で、忘年会とか新年会みたいなものはあまり好きじゃない」けれど、「少人数で、お互いのことを話せるような機会があるなら行きたい」と思っているようです。

若者の価値観はたしかに変わりつつありますが、当然ながら今までのあり方が100％正しいわけではありません。

また、彼らの中にも人との交流を望む気持ちはきちんとあります。話を聞くと、「もっと成長したい」とか、「上司の期待に応えたい」という思いまで、ちゃんと持っているのです。

ですが、仕事の間は個人的なことを話す機会もないし、業務のことで分からないことは聞けても、上司がこれまでどんな経験をしてきたとか、どのように考えてやってきたか、そこまでは勤務中には聞くことができません。

ですから、機会があればそういうことも聞きたいし、自分のことも分かってほしい。「お互いの交流ができる飲み会なら行きたい」と言います。

ここ数年は、コロナ禍もあったりして、今まで当たり前だったことがいろいろと難しくなりました。

そんな中で上司のほうは、世の中に蔓延する「パワハラ」「セクハラ」「モラハラ」などの言葉を見るたびに、部下との接触が怖くなってしまい、「必要以上に関わるのは止めておこう」とまで思ってしまうのも無理のないことかもしれません。

ハラスメントに関していえば、厚生労働省がまとめた報告ではパワハラの定義とは「プライバシーに関することに過度に関わること」という内容が含まれています。注意すべきはこの「過度」の部分であり、適度なものであれば、交流はむしろ必要なものです。

実は部下のほうは、先に挙げたような本音を抱いていて、もちろん自分の時間を大事にもしたいけれど、「誘ってもらえないのは寂しい」と思っていたりします。

最近はリモートワークも次第に減り、職場に出社する日常が戻ってきています。しかしながら「世代ギャップ」はさらに広がっていて、どう解消していったらよいかがふたたび課題となってきているわけです。

ここでぜひ私から提案したいのは、上司世代が「彼らを誘ってもいいのだろうか」と思うなら、怖がらずにぜひ誘ってあげてほしいということです。

最初の一歩として、ランチやお茶などに誘ってみたらいいのではないでしょうか。

会社によって就業規定はさまざまだと思いますが、ランチなら就業時間内ですし、上司の裁量で、少し長めにとってミーティングを兼ねたランチにしてもよいのではないですか？ランチなら飲み会よりも気軽に行けるでしょうし、上司がおごるにしても負担が少ないでしょう。また、そうした場所なら、面談とは少し違う雰囲気でいろいろな話ができるのではないでしょうか。

また、飲み会もけっしてダメなわけではありません。

昔の感覚で、「今日飲みに行くぞ！」などと強引に誘ったり、強制するのはよいこととはいえませんが、部下の意思確認をきちんととり、お開きの時間もある程度決めておけば、Z世代の若者たちも前向きに受け止めてもらえるのではないでしょうか。

そうした場があれば、新たな一面を発見することもあるでしょうし、職場の人間関係の潤滑油にもなるでしょう。

また、歓迎会や送別会、お花見、忘年会などを行う際は、必ず全員に声をかけること。可能であれば就業時間内から始めるようにしたり、気が乗らない人、行きたくないという人にも配慮し、無理を強いることのないように。さまざまな人の意見を聞いて行うようにしましょう。

部下の得意分野を教えてもらう

上司とZ世代で、さまざまな垣根を乗り越えて親交を深めようというとき、せっかくだから仕事を離れて話をしたいと思っても、「でも、何について話したらいいのだろう」と途方にくれてしまうことがあるかもしれません。フリートークというのは、意外と難しいものです。

世代が違えば関心事も異なるでしょうし、話題も広がらず、それこそ新たな不満のもとになるなど、逆効果になりかねません。

テーマを見つけるためには、あらかじめ仕事で困っていることや知りたいことを集めておき、そこからピックアップしておくとよいでしょう。

そしてもう一つお勧めしたいのは、上司と若者世代でそれぞれの得意分野を教え合うことです。

Z世代はデジタルネイティブと呼ばれるほどですから、SNSやスマホアプリなど、デジタルツールの使い方や楽しみ方に通じています。また、彼らはさまざまなショート動画やゲームにもくわしいですから、お勧めの動画を教えてもらうのもよいかもしれません。

対する上司世代は、電話の取り方とか、顧客さんの最初のファーストコンタクトのやり方などを、部下たちに披露します。そのときは押しつけにならないように注意して、若者世代にこれまで培《つちか》ってきたノウハウを教えてあげるとよいのではないでしょうか。

また、今の若者はデジタル機器には通じている一方で、意外とパソコン作業には慣れていない場合もあり、業務でエクセルやパワーポイントの使い方など、上司世代が得意とする分野もまだまだ残っているはずです。

セミナーや勉強会もいいですが、知識をインプットするだけでなく、必要に応じてアウトプットをすることで、理解が深まったり、コミュニケーションを磨く機会にもなります。

その意味では、人にものを教える機会を持つことは、Z世代にとってよい刺激にもなるでしょう。

また、日頃の業務を離れて関わることで、お互いに新たな一面を発見したりすることもあります。

ただし、それがどんなに有益な機会になったとしても、若者たちの嫌がる残業になったりしないよう、可能な限り業務時間内に行うことです。世代間ギャップの解消ができると、職場の雰囲気がよくなるばかりか、仕事の能率が上がり、仕事のモチベーションを上げることにつながるわけですから、これは大切な業務のうちです。

2種類の傾向に注意を

カウンセリングルームには、必要に応じて提携先企業から「相談に行きなさい」と言われてやってくる人もいますが、自分が抱えている悩みや相談事を上司やまわりの人には言えず、このままではまずいと思って自主的に話しに来る人もいます。

何かトラブルがあったり、不安や悩み事を抱えている人の話を聞いていると、大きく分けて2種類の傾向があります。

1つ目は、「うまくいかないのは自分のせいだ」「自分の言い方、考え方がよくないのだ」と、何かと自分を責めがちな「自責」の傾向を持つ人です。

本当に自分が悪いのかどうかは、状況をよく調査しなければわかりません。自責傾向を持つ人が、悪いのは自分だといくら言ったとしても、実はまわりから不当な扱いを受けていたり、ときにはハラスメントの被害に遭っていて、明らかにまわりが悪くても、それに気づくことができない場合があるからです。

そうなってしまう原因には、何かのミスを叱責されたり、追い詰められた結果、そう思わされてしまう、一種のマインドコントロール状態に陥り、自分を責めるようになることがあります。そこからうつ症状を発症してしまうことも多いのです。

その状態はなかなか自分では抜け出すことができませんし、放置すれば深刻な状態に至り、休職に追い込まれたりするケースもあります。もしそうした傾向が見受けられたら、早めに専門家にケアを依頼するのがよいでしょう。

また、トラブルなどがあってもなくても、何かというと他人のせいだとする「多責（他罰）」傾向の人もいます。

そういう人は、何か問題が起こったときに「だからあいつはダメなんだ」とか、「この環境がよくない」など、自分以外の何かのせいにしてしまい、自分を含め、真の原因に向き合うということができません。

心の中にずっと不平・不満を抱え、さらにまわりも巻き込んでしまうよくない事態に発展してしまいます。

自分はまったく悪くなく、人や特定の何かが悪いとする他責傾向の人が、頑ななメンタル不調に陥ると、予後がよくないケースが多いといわれています。

うつ状態で休職した後、復職者面談となったときに「あんな職場に戻りたくない」と不平不満があふれるように出てきて、「あんなこともされたし、こんなこともされた……」と言い出して止まらない人がいます。

心理的には、物事を客観的に見られず、何かが悪いと考えることで、人を攻撃することで自分を守っているようでもありますが、思い込みで真実から目をそむけさせている状態です。

その場合には、まずは自分にそうした傾向があることに気づいてもらうということが、とても大事です。

それと同時に、被害妄想のような主張の実際をたしかめる必要がありますが、不満やストレスがかなりたまっている場合もあるので、よくよく話を聞いていくと、落ち着いてくる場合もあります。

いずれにしても、他責の傾向が見受けられたら、自責の場合と同様に、専門家に引き継ぐのが望ましいのですが、まず職場でできることは、人が不平不満を口にしたとき、それをけっして否定せず、

「そういうことがあったんですね」（話してくれてありがとう）

と、しっかりと受け止めることです。

そこで「あなたも悪かったんじゃないの」とか、「もうちょっと何かができなかったの」みたいなことは決して言わず、真摯に聞くことに努めると、だんだんと（受け入れてもらえた）という感覚が生まれ、そこから少しずつ「もしかしたら自分も悪かったんじゃないか」と思えるようになり、症状が好転してくる人も多くいます。

ですから職場では、部下からの不平に対して「そんなこと言ったってダメだよ」とか、「そんなことできるわけないじゃないか」と一蹴するのではなく、

「あなたはそういうふうに考えてるんだね」

といったん受け入れながら、

「でも今はこれをこうしてほしいんだよね」

ということがあるはずだし、それは言っていいと思います。

最初の段階でじっくりと受け止め（受容）の姿勢を持つことができると、相手の姿勢も変わってくることがあります。

また、他責の傾向がある人は、職場で不平不満を主張することも多く、周囲から浮いてしまったり、他の社員によくない影響をもたらすこともあるため、気づいたら放置せず、適切な対処が必要です。

ポイントは「人は変えられない」ものだということです。自責なり、他責なり、そういう傾向にあることに気づく、あるいは当事者に気づいてもらうことが第一歩です。

物事のよい面をとらえるようにする

上司から見たときに、部下が人や会社、物事のよい面に気づくことができず、自分の考えに凝《こ》り固まっているように見える場合があります。

目を向けるべきものを見ない、あるいは気づかないでいるなら、それを積極的に伝えてみるのがいいのではないでしょうか。

上司の立場から、よい点がたくさんあると思うことは素晴らしいことですし、こういうところが、ほかと違っていることをきちんと伝えることはよいことです。

ほかの人や対象と比べるという姿勢は状況によって善《よ》し悪《わる》しといえますが、人や会社の美点、得意分野など、他とは違う点をより部下が理解できるように伝えるのも、上司の務めでしょう。

人というのは、悪い面にどうしても目がいきやすいものです。

研修の中でも、「長所と短所を上げてください」と言うと、短所はいくらでも出てくるのに、長所を挙げてくださいと言ってもなかなか出てこなかったりします。

そして、よいところをほめ合ってくださいと言うと、声が上がらず、しんとしてしまったり。たとえ一つ二つ頑張って絞り出しても、その後が出てこないというのもよくあります。

普段から、どちらかというと「不足やマイナスを補う」というところにエネルギーを使っていて、「悪いところを直そう」「足りないところを埋めよう」という方向で考えがちだったりします。

でも、足りないところを埋めるのはすごく大変なことで、もともと生まれ持った性格や傾向は、変えられないことがほとんどです。それをがんばって変えようとしてみても無理な話で、根本にあるものを取り替えるのは難しい場合が多いのです。

細かいことが気になってしまう人に、いくら気にするなと言ってみても、ことあるごとにそこに目が行き、どうしてもそれを補完しようとしてしまう。そして、どんどん事態が大きくなってしまったりします。

すると「自分はこんなに頑張っているのにできなかった」と、自責傾向が強くなってきてしまいます。

ですから、ぜひ自分のこと、あるいは他のことでも、欠点を改善することより、いいところを探してみることを心がけていただきたいと思います。

そして、自分の長所とかに目を向けると、それはもともとできることなので、できることをもっとできるようにすることは、不足を補うことよりもすごく簡単です。

それをぜひ部下にも伝えてほしいと思います。

「自分の強みはどこにあるのか、考えてみよう」

そうして考えることで、自分の強みが出てきたり、自信につながって自己肯定感が強くなります。できないことがあっても、それにひきずられることがなくなると、他のことが気にならない好循環に入ることができます。

ですから、欠点探しに目がいって、あれがダメ、これがダメと言って、気持ちまで暗くなるより、これがいい、それをさらにもっとよくするためにいろんなアイデアを考えていこうとする、そんな意識改革がやっぱり必要で、ぜひ上司からそれを率先してやっていただくのがよいと思います。

4章

信頼されるリーダーになるために

リーダーシップとは何か

辞令を受けて管理職になったものの、「若者たちはなにを考えているかわからない」と頭を抱えたり、ときには「自分にはそんな資質などないのではないか……」と思ってしまう上司の方もいるかもしれません。

一般的な上司像として、貫禄があって物事に動じず、状況に応じて適切に指示をする……そんな理想のリーダーの姿をイメージしすぎてしまうと、自分が苦しくなってしまいます。

ロールモデルを持つことが悪いわけではありませんが、それにとらわれすぎてしまうならもったいないことです。

一言でリーダーといっても、カリスマ性のある人、ポジティブな声かけでまわりを巻き込んでいく人、こまやかな気配りで組織をやる気にさせる人など、さまざまなタイプがいます。組織のリーダーは地位とか特権を持つ人とだけ思っているなら、それは時代錯誤だと言えるでしょう。

上司も人間なのですから、かしこまらずに過去の失敗談も明かしてしまったほうが、部下との距離もぐっと近づきます。

上司は部下に対して絶対的な権威を持つわけではありません。会社の命令指揮系統をレポートラインと呼びますが、たとえば社の方針や就業規則を全員に伝達しようというとき、組織の構造がきちんとできていなければ効率がよくないでしょう。

英語でもトップダウン、ボトムアップという言葉があり、指示や命令を伝えたり、部下の意見をくみ上げたりする伝達ラインとは、いわば企業の大動脈ともいえます。

ですから、ここで声を大にして言いたいことは、上司の仕事、つまり**リーダーシップは資質によるものではなく、1つの役目であるということです。**

リーダーに求められるスキルとは、突き詰めれば「調整能力」のことです。牽引するとか、主導権を握るというようなイメージを持つと、人によっては抵抗を感じたり、逆に行きすぎたりしてしまうこともあります。

調整能力といっても、人によって、それが得意かどうかの違いもあるでしょうが、資質というよりはそれまでの経験値だったり、やり方次第で身につけられるものではないでしょうか。

上司は自分が担当する組織に目配りする必要があり、指示や指導をする義務があるかわりに、責任を負うことになるわけです。

そこで必要なのは、一定の組織の中で信頼を得ることです。信頼関係があってこそ、報告・連絡・相談のやりとりもスムーズになるでしょうし、近年は管理職といってもプレイングマネージャーであることも多いですから、両立しやすくなります。

部下が苦手なタイプだったら

実際の現場では、いろいろなタイプの部下がいるでしょう。

上司Aはまさしく調整型のタイプで、部下一人ひとりに細《こま》やかに声をかけ、実績が上がらないと悩んでいる部下に寄り添い、親身な指導をすることに定評がありました。

でも、部下Bは優秀で理解力もあり、どんどん自分で考えて実行できるタイプ。ですから、むしろ先回りして「報《ほう》・連《れん》・相《そう》」を行うほどで、上司Aからアドバイスをするような機会もほとんどありませんでした。

ところが、別の部署にカリスマ的なリーダータイプで、ひそかに将来の幹部候補と目される上司Cがいて、部下Bは直属の上司である自分でなく、Cのところによく話をしに行っていました。

Aの本音としては、部下Bは自分の話を聞き流しているときがあり、いわゆる〝出世コース〟にいるCのような人間でないと、彼を管理できないのだろうかと思い、どう対応したらよいのだろうと悩んでいました。

私はそのエピソードを聞き、Aが口にした出世コースという表現に、彼のコンプレックスや苦手意識が垣間《かいま》見えるようだと思いました。

企業の中で業績のいい人が注目されたり、期待されるのは無理のないことですが、先のことは誰にもわかりません。勢いのある人が何かの理由で減速するケースもありますし、企業の方針や上層部が変われば勢力図が一変することもあります。

しかし、上司Aは自分を卑下《ひげ》してしまい、部下Bの行動に「勝手なことをして」と不満を覚えながらも心が揺らぎ、「自分がダメだから、部下が話を聞いてくれないのだ」と思ってしまうのでしょう。自分を認められずに、欠点に焦点を当てやすい人は、他人の欠点にも敏感で、しかもそれを拡大解釈しやすい傾向があります。

ネガティブな感情は表情や声の音調など、〝非言語〟の部分に表れます。敏感な部下Bはそれを察知していることも考えられ、いずれ何らかの悪影響を及ぼす可能性もあります。

人間関係においては、相手から好意を示されると、こちらも好意を返したくなる「好意の返報性」という心理状態があります。ところが、好かれていないと思うと、逆の作用をもたらしてしまいます。

ですからAが考えるべきは、自分は彼の上司であり、少なくとも彼よりも経験値は高く、知識の蓄積もあるのですから、自分のできることに焦点を当て、自信を持って対応することが必要です。

また、自分を卑下したり、無意識に（話を聞かないのはあいつが悪い）と、他人を責める多責傾向もあったとしたら、それも問題です。自分で壁を作らずに、自分が彼の上司であって、彼が納得するような指導をするためには、何が必要かを考えてみることです。

「上司と部下のキャッチボール」の本質

先の例では、上司Aは自分の存在意義に疑問を感じてしまったわけですが、一般的に上司と部下という言葉自体に上下が含まれているように、立場の違いはあります。通常は上司が影響力をもっていて、部下はそれに従い、ときには振り回される場合が多いものです。

そうなると、上司と部下でのやりとりというのは同じ高さではなく、上司が少し高いところにいてキャッチボールをしているようなものです。

基本的にキャッチボールをするときは、同じ平面のグラウンドでやるイメージですが、上司と部下の場合には1階と2階に分かれてボールを投げ合うといってよいでしょう。上司のボールは実際に投げた以上に球速がつき、部下は上に向かって必死にボールを投げる、それぐらい上司と部下には隔《へだ》たりがあるということです。

ですから上司が「このぐらいのボールなら取れるだろう」と思って投げても、下で待ち受けている部下にとって実際以上の脅威になることがあるのです。

そこで必要なのは、上司は自分が「上から投げている」という意識を持ち、相手が取れるように投げることです。それなのに、とてもキャッチしきれない〝あさって〟の方向にボールを投げておいて、「それくらい取れなくてどうする」などと言うのは、パワハラ発言ととられてもおかしくありません。

そうした力加減はやりながら調整する必要があるでしょうが、その威力の差に気づくことができれば、相手への言葉選びが変わってくるでしょう。

Z世代などの若い世代とうまくやっていくために、「そこまで下手《したて》に出なければいけないのか」と思う人もいるでしょう。でも、それは上司と部下の立っている〝高さ〟に気づいていないということです。

彼らから、相談や提案がなかなか出てこないとしたら、ボールの投げ方が悪いのかもしれません。彼らの話を引き出したいと思うなら、キャッチャーになる、つまり聞き役に徹することも必要です。

もちろん指示や指導など、こちらから伝えるべきこともあり、彼らのペースに合わせてばかりもいられませんが、彼らからの発言は、下の階から必死に投げ上げてきたものかもしれないのですから、それを考慮した上で対応することが欠かせません。

彼らからのボールを、しっかりとキャッチすることこそ、次の意見や提案を呼び込む秘訣です。

そして、実際に話すときの注意点として比較、否定、非難、批判の４Ｈに注意し、彼らの発言を否定しない姿勢が重要ですが、彼らが言うことをそのまま鵜呑《うの》みにすればいいわけではありません。

キャッチボールなのですから、内容をじっくり聞いて、反論すべきことやほめるべき点があれば、それを伝えてこそ、部下のやる気を引き出し、成長にもつながるでしょう。「話してよかった」と思えるようなやりとりができると、「また、話をしたい」と思ってもらえるはずです。

また、仕事以外の話題でも、話を聞いたときに上司世代にとってはよく知らないことがあって、それに興味をひかれるなら、ぜひ尋ねてみたらよいでしょう。

「そういうものが流行《はや》ってるんだね、それはどういう時に使うの」

仕事の場に限らず、どんな人とでも相手の話に関心を持つことが、次の話を引き出すコツです。Ｚ世代はコミュニケーションの取り方に慣れていないわけですから、そこにある段差の違いをなくし、彼らが不得手なことを聞いてあげる体勢が取れると、「この人は聞いてくれる人」だと思ってもらえたら、こちらの言うことも聞いてくれるようになるでしょう。

また、同じ職場で顔をつきあわせているとはいっても、日頃から密な会話ができるとは限りません。

忙しい上司のスケジュールの隙間を縫って、部下から声をかけないといけない状況では、上司と部下の間は1階と2階どころか、1階と3階くらいの距離ができてしまうようなものです。

高低差をなくすためには、上司から声をかけるのはもちろんですが、面談の機会を定期的に設定したり、多くの会社には日報や報告書のツールなどがあると思いますが、そうしたものを活用し、抵抗なくコミュニケーションが取れるようにすることです。

上司も確実に話が聞ける機会を確保できますし、部下のほうも、急に上司から声をかけられるより、タイミングがわかっておいたほうが準備もできて安心ですし、部下もそれを見越して仕事を進められるでしょう。

査定の制度をわかりやすく整備する

いくら平等が大事と思っていても、組織の中で働いていると、同僚同士で足の引っ張り合いが起こり、そこから不公平感が生じます。それは「自分が正当に評価されていない」という不満から起こることが多いのです。

とくに、嫉妬《しっと》や妬《ねた》み、やっかみが起こるのは、査定や評価の基準が明確になっていないことが原因になります。

「自分はこんなに頑張っているのにどうして昇給できないんだろう」とか、「あの人より成績が良かったのに、なぜ評価が低いのか」という思いがあると、足の引っ張り合いになりやすくなります。

仕事の評価には数字で表せないものも多いですが、客観的な数字をもとにして、社内の等級制度やガイドラインを整備し、〝見える化〟して査定を行うことが大切です。

そこで、達成したことに対して適切に評価されるという感覚があると、不信感を持ったり、人の足をひっぱることがなくなります。

そこで必要なのは、

・査定や評価にはどんな基準があるか。
・いつ、どのように見極めるのか。
・誰が査定を行うのか。
・その結果、何に反映されるのか（給料・等級・役職など）。

さらにこうしたことを、はっきりと全員に明示した上で実施し、その評価を上司と部下との面談の場で照らし合わせ、両者すりあわせをすることが不可欠です。

もし評価に納得がいかなければ、何が足りないのか、課題をしっかりと共有し、話し合いの上で今後の目標設定を合わせて行うことも必要です。

Z世代は、こうした目標ごとにチャレンジをすることが得意とするところですから、しっかりと合意を取ることが大事です。

注意したいのは、本人は頑張っているつもりでも、オレ流・ワタシ流のマイペースで取り組んでいる場合です。

社員本人が、いくら思いをもってがんばったとしても、それが会社側の方針と違うところであれば評価されないのは当然で、査定としては低いものになってしまいます。

その場合、上司は部下に対して納得できるように指導し、方向性を確認する必要があります。そうしないと改善もされていきません。その意味でも、上司が部下の本心をしっかりと見極めることが大事です。

やる気につながる動機付け

彼らにやる気を出してもらうために、さまざまな取り組み方がありますが、やはり肝心なのは彼らが「やりたくなる」ような動機づけを促すことです。心理学上の分類でいうと、「内発的動機づけ」と「外発的動機づけ」という分類があります。

前者は、文字通り自発的に「やろう」「やりたい」といった気持ちから発生するもので、それで成果につながれば、本人にとって大きな喜びと達成感があり、さらなるやる気につながるでしょう。

一方、後者の外発的動機付けは、「○○をすると報酬がもらえる」など、外部からの要因がきっかけになることです。

それによってメリットが得られる場合だけでなく、「期限内に終わらせないと怒られるから」といった、デメリットを避けるための場合も強制的な外発的動機づけだといえます。ただし、強制的に促すことは、結局〝やらされ仕事〟になってしまう場合もあり、あまりいいこととは言えません。

対外的な何かのために頑張るというのは、目の前にぶら下がっているニンジンが魅力的でなくなったら機能しなくなりますし、継続が難しくなります。

前者の内発的動機づけが有効なのは、自分自身の問いや問題意識から出発しているため、気づきを得て「できた」「わかった」という状況に至った場合の喜びが大きく、その体験が新たなチャレンジにつながりやすいことです。

日頃からさまざまな意見を交わすことが大切ですが、「今はよくわかってなくてもそのうちわかるから」という誘導は、Z世代には通用しません。

そこでモチベーションを「内発的」に見出すことができるような声かけが必要です。

「今まではこういう方法でやってたんだけど、どう考える?」
「君だったらどういうふうにやる?」

こうした言い方で、一緒に考える姿勢を示したり、君の意見聞かせてほしい、というような機会を作ることで、よい意見や提案が示されたら、具体的に評価することも欠かせません。

「報告書がスムーズに書けるようになって、わかりやすくていいよ」
「最後まで取り組むことができて、成長したね」

仕事なのだからできて当たり前と考えるのではなく、できるようになったことをきちんと認め、それを本人にわかってもらうように言語化することも大事です。

日々の業務はルーティンになってしまいがちですが、客観的に成長を感じられるように、上司が関わることはとても大切です。それによって有意義な自己評価もできるようになるでしょう。

上司と部下で査定結果が異なる場合

若手に業務知識を確実に習得してもらうためには、しっかりと教育の機会をもつことが欠かせません。

新人研修など、集団で一斉に同じ知識を学ぶような場合は、学校教育と同じで「ティーチング」といいます。理解できてもできなくても画一的に教え、どんどん進んでいきます。

一方、個別にコーチがついて、各自の目標設定をもとに進捗を確認しながら個別に指導することを「コーチング」といいます。

ちょっと余談になりますが、コーチングの由来はコーチだと思う人は多いでしょうが、それが馬車のコーチから来ているのをご存じでしょうか。

しかもコーチの語源をさかのぼると、ハンガリーのコチ村でつくられた馬車の性能が良く、そこから馬車全体をコーチと呼ぶようになりました。

馬車は、自分のいる場所から目的地まで人を連れていく乗り物ですが、そこから長じて、物事を教える指導者のことをコーチと呼ぶようになったといいます。

さて、本題に戻りますと、コーチングは、個人ごとに違う目的地まで連れて行くことです。その目的地は人によって異なり、そこへたどり着くための道順も違います。

それが仕事であれば、目的地である目標を定めるところが重要で、それがわかっていないと道路を示すこともできません。そして、そこへ到達するための道順とは、個人の資質やスキル、状況に応じて「何を学んでいくか」ということです。

現在地を把握できていない状態で、目的地だけわかっていても道順を示すことはできません。ですから、現時点の位置と目標を、上司と部下の両方で共有することです。

その際に、どの程度達成できているかについて査定（評価）を行う必要がありますが、自分で行う「自己査定」と、上司などが行う「他者査定」があります。

注意したいのは、両者でかなり乖離がある場合です。部下が自分ではできていると思っているのに、上司からはできていないと判断されたり、その反対もあります。

乖離がある場合とは、スタートとゴールが正しく設定されていなかったり、道順として「どうしたらいいか」について話し合うことができていない場合です。

自主的に目標設定を行い、そのために努力を重ねる、いわゆる〝意識高い系〟の部下でも、がんばっているように見えて空回りしているだけのこともありますし、単に数字ばかり追っているケースもあります。

ですから、意識高い系の人にはこういうふうに対応しましょうと言っても、本人はそんな認識はないかもしれませんし、確認作業を、いわばすりあわせをすることが大事です。

部下を公平に扱う難しさ

上司にとって重要なのは、部下の人たちを平等に接することです。何より最優先の事柄だと心しておきましょう。

それは自分が学生や新人だったときを思い出してもわかるはずです。同じ集団の中で、指導者が誰かを特別扱いしたら、それだけでやる気をなくすか、気持ちが離れてしまいます。

そこで注意したいことに、呼び方の問題もあります。

よく部下を「ちゃん付け」してはいけないと言われます。理由はハラスメントの問題になるからとされますが、みんながそれで呼び合えば、それで平等性が保たれているので問題ないわけです。

しかし、みんな「さん付け」なのに、誰か1人だけ「ちゃん付け」で呼んでいたら、それは平等ではありません。また、「ちゃん付け」されてる人が、そこで「ハラスメントです」と言ってきたりしたら抵触する可能性も出てきます。

職場でムードメーカー的な人はそうした存在になりがちですが、上司はあくまでも平等に接することです。

そのほか、同じ業務をしているのに職場内で立場が違うことがあります。社内には、派遣社員、社員、アルバイトといろいろな立場の人がいて、そこで平等性を保つこともとても大事です。

社員だから優遇する、社員だからため口を使う、あるいは逆に社員だから粗雑に扱うこともあります。仕事の上では、あくまで平等に接することが大事だと思います。

私の経験でいうと、長年カウンリングの勉強会を運営してきた上で、そこにはいろんな人が出入りするのですが、手前味噌ですがとくに問題もなく過ごせてきています。

その理由の一つには、努めて平等性を徹底してることがあると自負しています。

いろいろな人が出入りする組織には、やっかみだったり、足を引っ張ったり、ときには分断みたいなことが起きやすくなります。

コミュニティの中に若い世代の人が入ってきたときに、女性なら「ちゃん付け」、男性なら「くん付け」にしたり、そのほかに「私のこと○○と呼んでください」と、あだ名を言ってくる人がいます。職場ではないので、それ自体は問題ではありません。

ただ、主宰する私だけは、一貫して全員「さん付け」で統一しています。組織の中で波風を立たせないためにも必要なことではないかと思います。

また大切なことは、定期的に顔を合わせる集団であれば、メンバー同士で食事に行ったり、勉強会以外で飲み会や懇親会などを行うこともありますが、次に会った時に、ほかのメンバーもいる前で「この間は楽しかったね」という話は絶対にしないようにすることです。

それを放置してしまうと、どうしても慣れ合いみたいな感覚が起こりやすくなりますし、その会に参加していない人にとってはいい気持ちはしないからです。

さらに、上司が集団の中で特定の誰かと親しくなりすぎると、「あの人は◯◯さん（上司）と親しいから、あの人の言うことは聞かなきゃいけない」みたいな雰囲気が生まれてしまったりして、どうしたって平等性が崩壊してしまいます。

ですから、上司はそういうことが起きないように一線を引くように心がけると、それだけで何も問題もなく過ごすことができます。

みんなの前で叱る必要があるとき

上司の責務として、叱るべきときには毅然として対応することが必要です。部下が同じことをして、叱るときとそうでないときがあるのは問題です。それこそ平等性に欠けることになるからです。

2章の「ほめるとき・叱るとき」の項目で（38ページ参照）、みんなの前で怒ったらいいか、個別にするのがいいかという項目がありましたが、みんなが守らなければいけないルールに反した場合、みんなの前で叱るのが基本的なセオリーです。

たとえば、大した理由もなく、いつも始業に5分遅刻してくる人がいたとします。全員が9時に来なければいけないのに、いつも5分遅れてくる。それをもし陰で叱ったら、きちんと出社しているほかの人たちは内心で「なんであの人はいつも遅れてくるのに、上司は何も言わないの」という不満が起こってくるものです。

そういう場合は、みんなの前できちんと指摘して、5分遅刻してくることに対してはっきりと注意し、「9時までに席についていること」を指示してまったく問題はありません。

ただし、今の時代、強い言葉で非難することにはもちろん注意しましょう。

もし、みんなの前で注意したことを「ハラスメントです」と言われたとしても、それは本人が職務規定に反することをしているのですから、まったく問題ないことです。

ただし内容がプライベートなことである場合は、本人に確認するようにしましょう。

また、上司世代からのよくある相談で、けっして特定の人だけを注意してきたわけではないのに、「どうして私だけなんですか。他の人も注意してください」と言われた、という場合があります。

本人は「どうして自分だけが叱られるのか」と思ってしまったとしたら、「平等じゃない」と思っているわけです。上司も神様ではありませんから、問題が起こった時に初めて気づくこともあります。

私はかつて自衛隊でのさまざまな研修を担当していたのですが、陸上自衛隊は陸・海・空の中で、一番女性が多くいるところです。

隊員のみなさんは制服の下に白いTシャツを着るのですが、そのとき色のついた下着を身につけていると、夏場などはTシャツ姿になったりしますから、うっすら透《す》けて見えてしまうのだそうです。

それを男性の上官が注意したところ、「なんで私だけ」と反発されてしまい、「セクハラだ」みたいな話になりかけたことがありました。

服装や持ち物を指摘したら、「個人の自由でしょう」と言われたり、それはプライバシーの侵害にあたる……と思われるでしょうか。

答えをいえば、そういうことはありません。

企業や団体、あるいは職種によって、服装や持ち物の規定は必要なことですから、その組織や集団の一員であれば従う必要があります。

ただし、それは事前に服装の規定に盛り込み、告知しておくことが必要です。

しかし、さまざまなケースがあり、実際に起こってみないと、事前のアナウンスは難しいケースもあります。

それは気づいた時点で改善していくしかないですが、先の例でいえば、服装の規定として「透けてしまうことがあるので、下着の色に注意してください」ということを広く告知することです。

どんなに気をつけていても、「どうして私だけ!」と過剰に反応してしまう人はいるものです。そこには個人の特性があるので、がまんさせるとか、考えを変えてもらうのは難しいですが、不満を解消できるような関わりを持つことです。

人によっては、全部が全部承服できないとしても、気持ちを聞いてもらうことはできます。

「こんなにつらい思いをしていた」とか、「不平等性を感じていた」などの場合、話すことでそれで解決できることがあったりします。

よく、「訴えます！」といきり立って、相談に来る人がいますが、時間をかけてきちんと話を聞くと「わかってもらえればそれでいい」と収まることがほとんどです。

法に訴えるというのも、やはり受け入れてもらえなかったと感じたからであって、最初の対応として「主張をしっかり聞く」ことが大事で、相手が過剰な反応をしたことにあわてて しまい、言いなりになる必要はありません。

Z世代などの若い世代でも、いろいろなタイプがいます。若手には若手なりの思いや考え方があります。踏み込んでいいのか、いけないのか、というところで躊躇《ちゅうちょ》してしまうケースが多いのではないかと思います。

しかしそこで、苦手意識をもってしまい、関わることを避けたり、なるべく触れないようにしても解決にはなりません。

そういう相手こそ、しっかり関わることは大事です。腫《は》れ物に触るようにしていると必要以上に時間が長くかかったり、深夜に電話がかかってくるようになることもあるため、どこかで線引きは必要かもしれません。

敬語やビジネスマナーの教え方

ここから、日常に起こる具体的な物事を取り上げていきましょう。

敬語を含めた言葉遣いやビジネスマナーに関しては、企業からの研修やセミナー依頼が多いところです。それだけみなさんが「どう教えたらいいのか」とお困りでいらっしゃるのでしょう。

しかし、研修でいくら正しい敬語とか、話し方などを詰め込んだとしても、同じ職場にいる上司や先輩ができていなかったら、残念なことにせっかくの学びも一時的な知識として忘れられてしまいます。

やはり日頃から同じ職場にいる上司や先輩がどう話しているか、どうお客様に接しているか、それが見本になっていきますから、自ら率先して示すことが欠かせません。

若手には、ビジネスメールがどのようなもので、いつ・誰に・どのような文面で送るのかの見本を示し、それを真似してもらうことです。

とくにZ世代は、前の人がどういうふうに答えているかを見たり、まわりの人をよく見て真似ることを得意としますから、最初はそのまま使えるようなサンプルを提示して、活用するようにしたらいいと思います。

また、メールなら、あいさつはどう始めて、締めの言葉はどうするのか。依頼や指示に対して「わかりました」ではなく、「承知しました」なのか、あるいは「かしこまりました」なのか。

そのほか、よくある問題としては、一人称をどうするかです。書き言葉では「私（わたし）」でしょうが、話すときは、「私（わたくし）」という言い方もありますし、男性だと「僕」という人もいます。

企業によっては、「私（わたし）」で統一してくださいとか、指示をしてもそれはハラスメントになりません。そうした決まり事は、組織の一員としての責務の一種です。

小さなことでも、企業によって社内風土もありますし、上の人に習うものです。それを踏まえて、上司は見られていることを意識して、見本を示すことを心がけていただきたいと思います。

基本は「見せて、覚えさせる」ということです。業務上の指示とか指導は、毅然として対応すればいいと思います。

Z世代がいくらマイペースだといっても、企業の一員として入社してきたのですから、企業なり、職場のルールをどうでもいいものだと軽視することはありません。

ただし、以前の世代と違うとしたら、理由を言わずに「とにかくやれ！」と言っても納得しないことです。質問に対しては、仕組みや理由を明快に答えるようにしましょう。

彼らも社会になじもうと一生懸命です。

そんな中で、ちょっとほほえましい例を挙げましょう。

年配の男性がときどき自分のことを「小生」と呼ぶことがあると思いますが、ある若者は、その男性は「小生」という名前なのだと思い込んでいたという話があります。

また、ビジネス上のメールなどでは、取引先にうっかり社内的なメールの書き方で送ってしまったとか、誰にも失敗はつきものです。

そこから学んでいくのですから、少々のことは目をつぶって。

電話は取るのもかけるのも怖い？

業務の中で、Z世代がとくに苦手なことに、電話にまつわる問題があります。

近年、電話は犯罪との関わりが指摘され、防犯上の理由で「子どもを電話に出さない」という方針の家庭で育ってきていたり、中には生まれたときから、家には携帯電話しかなかった、という人もいます。

当然、黒電話は触ったこともなく、公衆電話もかける順番がわからないということがあるそうです。使ったことがなければ当然の反応かもしれません。

では携帯電話なら大丈夫かというと、肌身離さず持っているとしても、通話機能を使うことは少なく、友人とのやりとりにはチャットやメッセージを多用していたり、電話で話すという経験がないまま社会人になっています。

そうして電話というツールに慣れていないにもかかわらず、上司からは「新人は電話を取るものだ」といわれ、おそるおそる受話器を取るものの、しどろもどろで話していると上司から「電話も出られないのか」と叱責されたり、相手の名前や用件を聞き取れずに注意されるなど、すっかり電話が怖くなってしまうのです。挙げ句の果てに「電話に出たくないから」という理由で退職に至ることすらあります。

私は昨年、『電話恐怖症』(朝日新聞出版)という本を上梓しました。

世代を問わず、「電話で話すのは得意じゃない」という人は少なからずいらっしゃるものです。人によっては、「電話が鳴ると動悸《どうき》がする」とか、「電話で話しているのを聞かれたくない」など、電話に対するネガティブな思いをお持ちの人もいます。

電話は、メールなどテキストのやりとりに比べて情報量が多く、細かなニュアンスもすぐに確認できたりするメリットがあります。

その一方で、即座に返答をしなければいけないことがストレスになったり、クレーム電話がトラウマになってしまった、という人もいます。

しかし、職場にかかってきた電話に出ないわけにはいきません。

部下のZ世代に電話を取らせたいなら、最初は上司が見本を示し、部下には少しずつ挑戦させます。うまく話せなかったり、言葉に詰まってしまったら、「そういうときにはこう話すといい」という例を具体的に教えましょう。

電話で話す声が聞こえてきて、それに対して何か言いたくなっても、強い調子で叱責するのは避けること。しかし、やはり取ってもらって慣れるしかありません。

電話で話すことに慣れたいという場合には、気心の知れた友人や家族などから固定電話をかけてもらい、受話器を取って話す練習をしたり、お店や企業のコールセンターなどに問い合わせをして、ゆっくりとしたペースで、復唱しながら対応するプロのオペレーターの話し方を参考にしてみるのもよいでしょう。

また、電話をかけるタイミングに悩む人もいます。

メールは相手も都合のよいときに見るもので、一方的に時間を奪うこともないため、気にしないで送れたとしても、電話は相手が何をしているかわからないところにかける必要があり、そこに抵抗感を覚える人もいます。

仕事の電話であれば、就業時間内に職場にかけるのは問題ありません。携帯電話にかける場合は、夜は◯時までなど、企業である程度決まり事があるはずですから、それにならって対応しましょう。

休日の返信を強要するのはアウト

昨今は、企業によっては社員に仕事用の携帯を支給し、連絡用にLINEなどを導入しているところもあります。

LINEなどのメッセージアプリは、設定によって通知音が出ることがありますから、夜遅い時間や早朝などの対応には注意が必要です。

これはハラスメントの範疇《はんちゅう》ですが、上司から深夜や休日に連絡がきて、対応しないと怒られるという話を聞くことがあります。何かの都合で、どうしてもその時間になることが先にわかっていれば別ですが、就業時間以外に上司が返事を強要するのはよくありません。

上司から連絡をする場合、百歩譲って後で送り忘れないように送っておくのはいいとして、「すぐに返信をしろ」というのはハラスメントだと言われても仕方がありません。

また、業務や職種によっては、電話やメールの対応が可能な時間、あるいは不可能な時間がある場合があります。その場合は、メールの署名欄を活用する方法もあります。

メールの最後に社名、名前、住所、連絡先などが記載されているのと一緒に、電話対応可能な時間やメールの返信は何時から何時までなど、書いておくとスマートに知らせることができます。

『○時以降は、基本的に電話には出られません』とか、『留守番電話でお願いします』などと書いておくのもよいでしょう。

もうひとつ電話に関連することですが、当日欠勤する場合の連絡方法として、「当日欠勤の連絡だけは電話で」と決めている企業も多いようです。

欠勤理由や体調の確認もありますし、その日の予定や引き継ぎ事項がある場合に、テキストで何回もやりとりするより、電話のほうが早いからということがありますが、電話が苦手な若い世代などは、電話をしたくないから休まずに行こうと思う、といったケースもあるという話もあります。

個別の事情への対応

欠勤、遅刻の連絡に関して、女性の生理休暇が認められている会社も多くなっています。男性の上司が「女性の生理の悩みとか、体の不調にどう接したらいいかわからない」「もしかしてこれはセクハラではないか」と心配するケースもありますが、慣れなくて抵抗を感じることがすなわちハラスメント、ということはありません。

たとえば「生理休暇を取りたいです」みたいなことは、淡々と事務的に行うのがいいでしょう。

そのほか、ちょっと話しづらい、個人的な事情にはさまざまなものがあります。

Z世代では、まだあまりいないかもしれませんが、昨今は不妊治療のために、休暇取得や遅刻・早退をしたいというケースがあり、対応に悩む人が増えています。

現状でカップルの4組～5組に1組が、不妊治療をしているというデータがあります。それを「どうしても言いづらい」というのです。

不妊治療では、ホルモン剤の注射などで体調を崩したり、排卵日の関係で「今から3日以内に病院に行かなくてはいけない」ということが起こります。

休みの問題は、会社の体制とか、その方の職務にもかかわる部分ですので、個別に話し合っておく必要があるでしょう。

治療にはお金もかかりますし、その人自身もどこまで続けるかを迷っている場合があります。そこへ、よく知らないのに「また休むの」「責任感が足りないんじゃないの」などという言い方をして追い詰めてしまうケースも実際にあるようです。

また、そうした状況で本人もつらいのに、それによって評価が下がってしまうこともあり、上司としては部下の心情に配慮しながら、仕事への影響もあるため、ある程度の状況を聴取しておく必要があるでしょう。

社内で対象者がいなくても、こうした場合の対応について社内で共有し、そうなったらこう対応しましょうと決めておくことも、必要ではないでしょうか。

そこで話し合いをしないで、一方的に「無責任だ」と責めたりすると、相手も頑《かたく》ななって「これは権利です」と、引けなくなったりしてしまうこともあります。

この件に限らず、様子がおかしいと思ったり、面談でもなるべく話しやすい雰囲気で耳を傾け、日頃から関係性を保っておくことでしょう。

また、最近では介護の問題もあります。

これはどちらかというと、上司世代かもしれませんが、「ヤングケアラー」という言葉もあり、一人親世代も増えていますから、家族の介護で急に休みが必要になったり、残業対応ができないなど、家の事情を抱えている人は少なからずいるものです。

行政を利用すればいいかといっても、手続きに手間がかかる場合があります。

この問題も、実際に当事者になってみないと、その大変さはわからないようです。そのためにやっぱり話し合いが大切です。

タメ口や作り笑顔はNG？

上司にもいろいろなキャラクターの方がいますし、業種によっても話し方はさまざまです。

介護や福祉関係などでは、「家族同様に接したいからタメ口がよい」と思い込んでいる人もいて、下町の言葉や関西弁のようなノリで、庶民的な雰囲気で話すのですが、もちろんそれが好ましいと感じるお客様もいらっしゃるでしょう。

でも、その話し方で部下にも接しているということはないでしょうか。

私の考えでは、敬語でもフレンドリーな対応を保つことはできると思いますし、仕事の場では自らを律して、タメ口ではなく丁寧語で一線を引いたほうがいいと思います。

親し気なのはいいのですが、発言の内容が踏み込みすぎてしまったり、なれなれしくなったりしやすいので、そうした点では注意が必要です。

また、部下に対しても、これは上司のキャラクターにもよりますが、上司もため口は避け、丁寧語で基本的に話したほうが、私はいいと思います。

反対に、上司たる者、威厳を保つために、笑ってはいけない……とまで思っているわけではないでしょうが、あまりにも無表情なのもどうかと思います。

四六時中、笑顔でいるのは無理な話ですし、そんなことは非現実的ですが、あいさつのタイミングと一緒で、にこやかじゃなくてもいいと思います。

しかし、無表情で「おはよう」と言うよりも、多少口角《こうかく》を上げてやわらかな顔を見せると、Z世代も安心することがあるでしょう。

人と人のやりとりの中で表情はとても大きく影響します。「メラビアンの法則」では、人から伝わる情報は、表情が55％、声など耳から聞こえる情報が38％、言語が7％だといわれています。

表情から伝わる印象は半分以上なのに、無表情でむすっとしていたら、いくら「怒ってないよ」と言っても、「いやいや、怒ってるよね」なんて話になったりします。

せめて、あいさつのタイミングは、意識してある程度柔らかい表情を見せるのはどうでしょう。

上司世代によくあるのは、表情を作れないだけでなく、人の表情を読み取るということができないケースです。

管理者研修などで研修のウォーミングアップとして、相手が今どういう気持ちでいたかを表情から読み取るという「表情当てクイズ」などを行うことがあります。

たとえば朝のあいさつでも「どういう気持ちで言いましたか」と言って、当ててもらうと、ほとんど当たりません。

あるいは、上司世代では、楽しいつもりの表情で「こんにちは」と言っていただいても、「でもなんとなく怖い」と思われてしまう雰囲気が消えない、ということがあります。

社会経験が長いと、営業職の人などはにこやかに接することができるようになりますが、自分の気持ちを悟られないように封印して、隙《すき》を見せない、表情を作らないようにしてきたのだと思います。

ですから、自分ではそんなに表情が動いていないことに気づいてないのです。逆に言うと、それだけ忍耐強く、社会生活を送ってきたっていうことでもあるので、むしろ「おつかれさまでした」と言いたくなるほどです。

そうであるとはいえ無表情すぎるのは問題です。しかしただ笑えといっても、「おかしくないのに笑えるか」となってしまうでしょうから、少し意識をするところから始めましょう。

上司世代も自分を変える努力をして、無駄に怖いとか言われるのも損ですし、怒っている人よりも無表情の人が怖いですから、無表情を貫き通すのは損をすることもあると知っておいてほしいと思います。

服装・身だしなみの問題には

強い言葉で注意をしたり、部下に対して恫喝《どうかつ》のような言葉をかけるのはよくないとしても、そうすると、やはり注意するのはダメなのだろうかと思ってしまいそうですが、服装の乱れがあったりしたら、それは注意してもかまいません。

服装のことを言ってはいけないのではないか、取引先に行くのに派手すぎるとか、スカートが短いとか、胸元が開きすぎてるとか、むしろ言いづらい場合もあると思いますが、そんなことはありません。

それはむしろ、企業風土を守ることになり、「言ってもよい」のです。

社内規定というのは、学生に校則を守らせるわけではないのですから、きっちり服装規定として決まっていなくても、企業イメージとか、企業が大切にしたいものを守るためにあるものであり、「服装のことを言ったらハラスメントになるのでは」と思って言わないでおくという必要はありません。

女性の場合、スカート丈は座ったときに膝が隠れる丈にする、などと決めるのは、問題ありません。

ただ、部下に対して平等に接することが大事だとお伝えした項目で、「またスカート短いね」などという注意を同じ人に何回もやってしまうと、「なんで私だけ」みたいなことになってしまうとお伝えしました。

指摘した部下から「どうしていけないんですか、就業規定に書いてありますか」と反論されるという不毛なやりとりにならないためには、事前アナウンスがあったほうがよいでしょう。

よくレストランなどで、「カジュアルＯＫ」など、ドレスコードのような決まりがあります。それと同じように、職場でも、ビーチサンダルや男性の短パンは禁止、お客様に接する職業であったとしても、肩の出るタンクトップは禁止などといった決まりはあってしかるべきです。

私が今まで関わった中では、サンダルはもちろん禁止で、パンプスでも、後ろがストラップになっていて、かかとの出てしまうもの、あるいは先が抜けてるものもアウトという会社もありました。

自社の規定として「こうしてください」とするのは問題ないことですが、何もアナウンスしていないのに、それを履いてきた人に「ダメなのはそんなの常識だろう」とか、「そんなことぐらいわからないの、普通でしょう」という言い方をしたら、それはハラスメントの対象にもなってしまいます。

その言い方が問題なわけですが、ある程度想定できることに対しては、事前にアナウンスすることが大事です。

そのほか、今後の禁止事項ができたりしたら、季節の変わり目などに全体周知として「これを守ってください。こういうことは注意しましょう」ときちんと知らせて、徹底してもらうということが必要です。

強い香水などもそうですが、事前に「これは注意しましょう」というアナウンスをすることが、余計なトラブルを防止する助けになります。

そのほか、髪の毛の色に関してもそうです。

とくに金融機関などでは非常に厳しく、ロッカールームに「髪の毛の色の見本」があるところも多いです。「これ以上明るくしてはダメ」だという見本で、鏡に映してみると、具体的にわかるわけです。

「明るすぎるのはダメ」などの抽象的な言い方だと、人によっては「これは全然明るくないでしょう」などと言われたらそれまで、となりかねません。たとえば金髪はダメなどと規定したときに、当人から「これは金髪の部類に入りません」などと言われたら、不毛なやり取りが続くだけです。

規定する場合には「これ以上は明るくしてはいけません」という具体的な色の見本を、誰が見てもわかるように明示するというのがとても大事です。

会社に出入りするときの服装を注意することも、問題ありません。

スカートの丈や肩の出るタンクトップなど、たとえば社内でダメだった服装は、「社屋に出入りするときもダメです」と言ったとします。これに対し、人によっては「今は仕事中じゃないのですからいいでしょう」と反論するかもしれませんが、注意しても問題ないところです。

その根拠は、たとえば会社に来る途中で事故に遭ってケガなどをしたら労災の対象になります。ですから、出勤途中は職務中、つまり仕事中ということになります。

海に遊びに行くような格好で社屋に出入りするのが、企業としてふさわしくないと思えば毅然としてアナウンスしてよいわけです。

企業として守らせたい規定については、中途半端に規定したり、見逃したりするのではありません。それではむしろ平等性に欠けることになりますから、徹底して周知するということが望ましいのです。

残業の規定はきちんと守らせる

これも徹底して守らせるべき項目です。

働き方の問題が大きな問題として取り沙汰される中で、残業の問題をあいまいにしてはいけません。

こんな例があります。上司としては分担した仕事をきっちりこなしてほしい、部下はそれを就業時間内にこなしきれず、残業や休日出勤で片付けている。そこで部下のほうが（会社がいろいろうるさいから、もうサービス残業でいいや）として、いわばタダ働きをしていて、上司がそれを知っていて黙認したら、とんでもないことです。

振替のない休日出勤とか、サービス残業は労働基準法違反で、ハラスメント対策とともに重要な「コンプライアンス」（法令遵守）に違反するのは明らかです。

仕事がこなしきれなくて休日出勤になってしまうとしたら、上司の側の業務の割り振りや業務フローの見直しをすべきです。

また残業に関しては、労働基準法で必要最小限にとどめるべきだとする「36協定」（サブロク協定）があります。申請の上限に達してしまうとか、休日出勤をした場合には、他で代休を取らせなくてはいけないという規定がサブロク協定にはありますが、それができていないわけです。

それを見て見ぬふりをしたり、無視してしまったら労働基準法に違反していると勧告されてもおかしくありません。

仕事を持ち帰って残業するということを、昔は「風呂敷残業」などと言いましたが、今はパソコンがあれば仕事ができるので、いつでもどこでもできることになってしまいます。

職種によって、シフト制の仕事や海外とのやりとりが必要な場合など、夜中とかに対応せざるをえないということがあるでしょう。

そういう場合は日中の時間帯と相殺《そうさい》したり、割増残業代をつけたりするのも本来しなければいけないことです。働き方の問題は年々厳しくなっていますから、体裁上の話だと思われるかもしれませんが、けっして認められることではありません。

残業の問題がルーズになってしまうと、今は情報流出などへの懸念もありますし、そうはいっても人手が少なくて、マルチタスクになるところですが、それこそ上司の調整能力にかかっていて、負担のかかるところですが、規定違反は問題になるところです。

そうなってくると、「上司は36協定とか関係ないから自分が対応すれば……」と考えたりしてしまうケースがありえますが、いろいろ厳しい時代とはいうものの、ダメなものはダメだと線を引いて、あいまいな状態にしないようにしましょう。

本業の仕事中に副業が発覚したら

昨今、副業を解禁する会社が増えてきました。

部下が就業中に内職をしている、つまり、自社の仕事ではないことをしているのを発見したらどうするか、という問題があります。

副業自体はダメではなくても、本業の就業時間中にはやってはいけないのは当然で、それは違反行為になります。

本業の就業時間に、本業の会社のパソコンを使って、ペン1本、紙1枚使っても、それは会社の備品の不正使用に当たるので、やってはいけないことです。

会社には就業規則があり、就業時間内の決まり事があります。業種によっては顧客データの持ち出しを防ぐために、カメラを取り付けるだけでなく、携帯の持ち込みを禁止したりする場合もあります。

禁止行為に触れる事態が発覚したら、犯罪行為として捜査が入ったり、弁護士案件になる場合もあります。

社内の規定には、そこまで厳しく扱っていないものもあれば、コンプライアンス違反などに触れるため、厳しく徹底する必要があることもあります。

小さな違反を、（これぐらいいいだろう）と見逃していると次第に大きくなり、発覚したらニュースになるような事態に発展する恐れがあり、上司は厳しく目を光らせる必要があることも年々多くなっています。

副業に当たることを内職として行っていたら、それはさまざまな禁止行為と同じです。程度によっては本格的に調査が必要になったり、勤務態度を含め、ネットの使用記録等の確認などまで行う必要があります。

状況によっては口頭注意、あるいは始末書の対応、改善が見られなければ解雇の対象になることもありますから、注意する必要があります。

就業規定に反することさまざま

就業規則はいちいち確認しない場合もあるでしょう。

たとえば、仕事上のIDやパスワードであるとか、出入りに使用するセキュリティカードの管理、顧客情報の持ち出しなど、どんな企業でも絶対にやってはいけないことが、就業規則には規定されています。

そのほかにも通常、就業中にやってはいけないことはいろいろあります。宗教やマルチ商法などの勧誘行為などもそうでしょう。

あとはモラルや常識の範囲内ともいえますが、就業中に株などの取引をしてはいけないとか、ゲームなどをしてはいけないなどということもあります。

また、身近な問題の中には喫煙に関することもあります。

今も一定数の喫煙者はいるものですが、今は多くの職場で禁煙になっていて、喫煙所は厳格に決められていますから、社内あるいは社外の決まった場所でしか吸うことができません。

そうすると、仕事中に何度もタバコを吸いに行くのはいいのか、ということが言われたりします。昨今はその喫煙スペースがデスクから遠い場合もあり、当然席を外す時間も長くなりますから、吸わない人にとって当然気になる問題になります。

やはり程度の問題でもあり、社会あるいは職場の風土を乱すような状況であったら、上司が介入して注意が必要な場合もあるでしょう。

特定の人が（おいしい思いをしている）、あるいは（サボっている）ことが度を越しているということになれば、それこそ平等性に反するわけですし、周囲のやる気にかかわり、職場の士気が落ちることになりますから、上司は状況に応じて管理が必要になるでしょう。

そこで、職場環境をよくするためには本人に注意を促すというのもありますし、就業時間中は禁止とする企業もあります。

また、喫煙者を一切採用しない企業もあります。

これは企業経営者の考え一つですから、それは問題ないことですが、よく知られているのは、宿泊施設などの運営会社である星野リゾートでは社員の喫煙を禁じるのは、喫煙は企業競争力を弱めるからで、作業効率、施設効率、職場環境を守るためだとしています。

ほかにもロート製薬など、喫煙習慣を卒業する「卒煙」に取り組むことを打ち出している企業もあり、喫煙者にはさらに肩身の狭い時代になっています。

ちなみに労働基準法は、日本の法律ですからすべての企業が守るべきものですが、就業規則はその企業が独自の判断で規定できるものです。

ですから、喫煙の問題だけでなく、独自に決めて盛り込むことで、社員に守らせるべきことを規定できます。規定事項を決めて誓約書にサインさせ、それを破ったら罰則がある。それで平等性が守られ、社員の士気が上がるとしたら、それもその企業の選択です。

不倫はセクハラか？

いつの時代も、噂話や内緒話はあっという間に広まるものです。

誰それがプライベートではどんなことをしているとか、社内の誰それが不倫関係にあるとか、3人いればスキャンダルや噂話があり、ハラスメントが起こります。

そこで一つ興味深いのに、不倫はセクハラなのかという観点があります。いまや芸能界やスポーツ界、政治家、経済界など著名人が関わる場合やさまざまなジャンルにおいて不倫や不正行為が発覚すれば、地位を失いかねない事態になることがほとんどです。

そのように、社会通念上はアウトとされますが、実は不倫自体がセクハラに該当するわけではありません。そもそも露見されず、仕事に支障がなければ、基本的に問題にはなりません。

しかし不倫が破綻《はたん》した時に、合意の上ではなかったという話になり、そこからハラスメントの問題に発展して、収拾のつかないことになっていくことが多いのが実情です。

また、ひとたび表沙汰になれば、それを不快と思う社員からセクハラと言われかねません。そうなるとどちらかが左遷されて、一方は退職に追い込まれるなどということで終わるケースも多々あります。

本人たちの問題というだけでは済まされないところが深刻です。

5章

関係作りに役立つ会話術

《レベル1》あなたの一言、大丈夫？

若手社員たちとの会話がうまく成り立たない、なんだか一方通行に感じる、ということはありますか？

2章のトラブル対応術でも、こんな言い方をすると効果的だという例を紹介しましたが、ここでは改めて関係作りにつながる会話に焦点を当てて、解説とともに紹介していきます。

レベル1では、NGな一言とその理由を紐解《ひもと》いていきましょう。

✕「言いたくないんだけど」～言いたくないなら言わなくてもいい？～

これから何かよくない話をする前に言う一言ですが、それを聞いただけで気持ちが暗くなるような思いがします。

発言者は良かれと思って「あなたのために言うのだ」という思いで話すのでしょうが、すでに一方通行になっている言葉です。あなたのためと言いながら、正義感ぶった恩着せがましさが漂っています。「言いたくないのに」言おうとするのは自己満足であって、相手をコントロールしようとする言葉ともいえます。

言われた側の身になってみると、「何か叱られるのだ」と身構えてしまいますし、いっぺんに心を閉ざしてしまうでしょう。

その人のために、言いにくいことを言わなければならないなら、言い訳や余計な前置きをせず、「気になることがあるんだけど」程度にし、内容を誠実に話すほうが相手に届きやすくなります。

✕「知らないの?」
〜知らない私が悪うございました〜

もちろん親しい友人から言われたら、ただの会話ですが、そうではなく上司から言われたとしたら、いくらその内容が知るべき情報だったとしても、この一言を言われただけで、内心は「知らなくてけっこう」「無知で悪かったね」と顔をそむけたくなります。

「わからないの?」という言葉も同じで、「知っていて当然」「わからないのがおかしい」という無言の圧力があり、上からものを言われている気持ちになります。


わからないことをできるようにするなら、単純に「どこがわからないですか?」「どうしたらできそうですか?」と尋ねること。そして、それができるようになるための方法として、「ベテランの◯◯さんが教えてくれますよ」「◯◯の資料を読むといいですよ」と、それがわかり、会得できるような方法をわかりやすく提示するとよいでしょう。

✕「任せたよ」
～指示するのが面倒なだけの言葉～

ここで取り上げるのは、本当に「任せてくれる」場合ではありません。

指示をするのが面倒で、言うべきことを言わずに「うまくやっといて」「頼むね」と言い捨てて、その結果が気に入らなかったりすると威圧的なダメ出しをすることが多いのも、こうした発言をする人の特徴です。

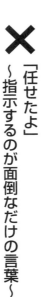

「しっかり頼むね」と言うだけで適切な指示がなければ、わかったような、わからないようなあいまいな感じが残り、言われた部下は「なぜきちんとわかるように指示をしてくれないのだろう」「私のことをちゃんと見てくれてないんだな」という思いになり、「何だか適当にあしらわれてる」という不審感につながったりします。

とくに経験の浅いZ世代は、不明点を聞き返すこともうまくできないため、指示がないことでとても不安になります。

また、ダメ出しをするときに「もう少しなんとかならないかな」と言うだけで、何をどうしたいのかを言わない（言えない）ケースもあり、言われた部下は取り残されたような思いになることもあります。

部下を不安にさせてしまうあいまいな表現には、「後で」とか「できる限り」「適当に」「十分に」などがあります。

また、抽象的な表現や回りくどい（婉曲的）表現も物事を伝わりにくくしてしまいます。指示を出すときは、こうした表現を使わず、わかりやすくストレートな言葉でしっかりと伝えることが肝心です。そして伝えたからＯＫではなく、相手に復唱などをさせ、しっかり理解しているか、疑問はないかどうかもしっかり確認しましょう。

✕「私なんて」
～ただのひがみ根性の現れ～

誰かにほめられたり、ねぎらわれたりしたのに、それを受け入れられず拒絶し、反発している〝こじらせた〟一言です。

「あなたとは違う」という表現もそうで、謙遜して言っているように見えて、目の前の相手をシャットアウトしている言葉です。

声をかけてくれた「あなた」は仕事がうまくいっていて、自分はそうでないとき、心配や親切心から言われたのに、いじけたひがみ根性が現れてしまっているわけです。心がネガティブになっていると、言葉の意味もひねくれて聞こえてしまうのかもしれません。

人をほめたのに、相手からそんな言葉が出てきたら、対応に注意する必要がありますし、もし自分自身でそんな発言をしそうになったら、自分の心を見つめ直してみましょう。

✕「悩み事とかなさそうだよね」
～あなたは心配事がいっぱいなんですか～

若手社員に比べて、先輩や上司が難しい仕事を抱えているのは当然なこと。発言者は自分の仕事が大変で、時間も足りない中で苦労して頑張っているのでしょうが、オフィスで新人が笑い話をしていたり、負担の軽い仕事に向かっているときに、それが気楽に見えて、嫌みたらしく投げかける一言といったところでしょう。

Ｚ世代はＺ世代で悩みや不安はありますし、本当はもっと仕事も頑張りたいけれど、そんなにすぐ任せてもらえません。

それなのにこんな発言をされたら、言われた若手は「あなたに私の気持ちなんてわかりませんよね（えらそうに大変がっちゃって嫌な人）」と思うだけです。

若手が楽しそうに話していたら、「なにかいいことがあったの」「何で盛り上がっているの」と聞いたり、明るくふるまっているなら「○○さんは明るくていいね」とほめればいいだけのこと。自分の悩みやストレスを棚に上げて、若手社員に当たるのは止めましょう。

✖「新人のくせに、10年早いよ」
～新人は意見できないの?～

また経験の浅い新人でも、意見を言えたなら、それだけでもすばらしいことです。でも、それが生意気に感じたり、その新人の言い方にカチンときてしまい、無意識に相手を押さえつけようとしてしまいます。

新人への指導うんぬんより、まずはこうした言い方は控えるべきでしょう。その意見があまり現実的なものでないなら、「目標をもつことは大事だね」「応援しているよ」と前向きな気持ちにつながるような声かけができるとよいでしょう。

そして、新人の態度がよくないものだったり、それが言える段階ではないことを伝えるなら、「要望を通していきたいなら、まずは今の仕事で成果を出せるようにしていこう」など、前向きな言葉でたしなめて、やるべきことに促していきましょう。

また、自分の経験を活かしてほしいという思いから、「私はこんな大変な仕事をしたことがあるよ」ということを言うことが悪いわけではありませんが、新人の部下にとっては押しつけがましく聞こえることもあるため、「私が経験したことで、ヒントになりそうなことがあれば教えますね」など、部下の成長に寄り添う姿勢が感じられる言い方ができると、信頼感が高まるでしょう。

✕「普通は○○だよね」 ～普通ってなに？　みんなって誰？～

Z世代から意見や提案が出たとしても、それを却下したいときに出るのが「普通はこうだよ」という一言です。

普通とは何でしょう。単にあなたの普通と私の普通は違うかもしれませんし、「普通」という言葉を使うのは、「こうあるべき」という気持ちが隠れていて、実は不満を感じていたりします。

また、「みんなやってるよ」という言い方もそうです。みんなって誰のこと？　あなたのことでしょう？　と言いたくなります。

また、意見が出たのに、「それは非常識だよ」と頭ごなしにダメ出しをしてしまうと、せっかくのやる気を失わせ、若手が新たな案を出そうという気持ちも萎《な》えてしまいます。

1つの意見に対して、「私はこう考えているよ、なぜなら……」と理由とともに話すならわかりますが、切って捨てるような言い方を強い調子で言えば、パワハラだと受け止められたり、反発を生んでしまいます。

「普通は」と言いながら、「あなたの意見は、（私の考える）普通ではない」という一言になりますから、そういうときは「こうしたほうがいいですよ」とか、「ここに気をつけてほしい」など、端的に伝えるほうがよいでしょう。

✕「頑張れ」
～知らない間に追い詰めてしまうから～

本来は、とてもポジティブな言葉であり、純粋に応援したい気持ちで言った言葉なのに、ときに人を追い詰めてしまうことがあります。

うつ病が「心の風邪」だと言われるようになり、うつ病の疑いで心療内科などを受診するケースも珍しくありません。また、うつに至らなくても、不安やストレスで気分が晴れず、鬱々《うつうつ》として落ち込んでしまうこともあります。

そんなときに、人から何気なく「頑張れ」と言われても素直に受け取れないどころか、かえって反発したり、怒りやいらだちが浮かぶこともあるのです。

「何もわかっていないくせに」と相手を逆恨みしたり、「うまくいかないのは、〇〇のせいだ」と人のせいにする「他罰」の感情が生まれてしまうこともあります。

冷静になって気持ちを見つめることができれば「本当は頑張りたい」という気持ちがあるのですが、「うまくいかない」という焦りが募り、「もうこれ以上無理」「もうできない、やりたくない」という気持ちになってしまうのです。

しかし最近では、専門家の中には「頑張れ」と言ったほうがよいという意見もあります。言葉をかけることで、物事を自分ごととしてとらえてもらいたいという気持ちが含まれているからです。

とはいえ、苦しんでいる相手にプレッシャーを与えてしまう場合もあることを踏まえ、

「応援しているよ」

「一緒に頑張ろう」

という言葉で寄り添う気持ちを伝えるとよいでしょう。

《レベル2》
もっといい言い方に変えてみよう

NGな一言だけでなく、適切な言い方に変えることで印象も変わります。言われたほうもやる気につながり、信頼関係がアップする会話に変えていきましょう。

レッスン1

「前もミスしたよね」

←

「同じ失敗を繰り返さないように、対策を話し合いましょう」

もちろん、ミスはしないにこしたことはありませんが、チャレンジしないと成長もできません。必要なのはミスの原因をつきとめ、改善し、同じ失敗を繰り返さないことです。

新人のうちは、ミスを犯す可能性も踏まえて担当の配分を決めるべきですし、上司が確認をしたり、ミスが起こってもカバーする手立てをとっておきましょう。

また、もしミスをしてしまっても、それに対してプレッシャーを感じさせたり、恫喝《どうかつ》したりすることは止めてください。

新人だからといって、電話だけ取っていればいい（電話も練習が必要です）とか、見ていればいい（見せて覚えさせる時代ではありません）というのは時代錯誤な考えです。

レッスン2

「若者の話はよくわからないなあ」

↓

「その話をもっと知りたいから、教えてもらえますか？」

世代のギャップを感じたときについ出てしまう「最近の若い人は」という一言には、「自分が正しい」という気持ちが見え隠れし、若者は何も知らないのだと非難して、見下しているように聞こえるときがあります。

「今の若者はいいね」と言いながら、「僕の時代はね……」と自分の苦労話ばかりを繰り返し、「君にはわからないよね」などという言い方をすれば、聞かされるほうもあまりいい気はしません。若者がせっかく興味をもって聞こうとしても、ソフトなパワハラのようにも思えてしまいます。

過ごしてきた時代が違えば、好きなものや関心を覚えるものが違うのは当然で、だからこそ歩み寄るチャンスです。

関心のある話題には、「くわしく教えてもらえますか？」と尋ねれば、世代を超えた信頼関係を築けるでしょう。

レッスン3

「もっとできる人だと思っていたのに」

↓

「あなたならきっとできるから、一緒に考えていこう」

部下が思ったような仕事をしてくれない、期待外れだった、そんな思いになったとき、「もっとできると思っていたのに」という言葉がぽろりとこぼれてしまったりします。それは本音かもしれないし、自分の気を晴らすために皮肉として言っているのかもしれません。期待したのは自分であって、その通りでなかったのは部下のせいではありません。

また、「あなたならできると思った」ことが言いたいなら、そう言うべきであって、ネガティブな言い方で、部下を傷つけるようなことは避けてください。

いずれにしても、言われてあまりいい気持ちはしない、はっきりいえば嫌みを感じる言葉です。

ミスをしたり、期待に添《そ》えなかったりすると、トライするのが怖くなってしまいますし、あるいは余計なことをして何か汚点を作るぐらいだったら、やらないほうがいいと考えるようになってしまいます。

企画やアイデアを提案してほしいのにしてこない、できるようになるために質問をしてほしいのにしてこない。こちらはそう思っていたとしても、「期待外れだった」みたいな言い方をされたら、とても提案などできません。

見本を示し、寄り添うような姿勢を見せることを心がけましょう。

《レベル３》職場で使いたいパワーワード３選

【１の言葉】

◯◯さんがほめていたよ

～間接承認で、ほめ効果がさらに高まる～

仕事の実績でも、ちょっとした気遣いでも、評価すべきことがあったなら、「◯◯がよかったよ」「◯◯がよくできていたね」とほめることが大切です。

「◯◯の点がすばらしかった」など、具体的によかった点を挙げれば、やる気やモチベーションを高めることにつながります。

「とても楽しい気持ちになった」など主観的な感想を伝えることを「直接承認」といいますが、「お客さんがわかりやすいと喜んでいたよ」、「部長がよくやってるねって言ってたよ」

という言い方をするのが「間接承認」です。目の前にいる私の意見だけでなく、ここにいない誰かの承認が加わることで、さらに評価が高まっていると伝えることができます。

前向きな評価や賞賛は出し惜しみせず、積極的に伝えるのがよいでしょう。

【2の言葉】
君はどう考えているの？
～意見を聞きたい＝君を評価している～

物事は上司や先輩が考えていることがすべて正しいとは限りません。また、世代の異なる若者の感覚で物事を見たときに、さらに新しい感覚がプラスされ、新しい企画や切り口につながることもあります。

若者に「あなたの意見を聞かせてほしい」と伝えることは、「あなたを認めている」ということで、「あなたの居場所がここにある」ことも示します。

交流を重ねることで信頼関係を深め、Z世代のモチベーションを高めると、よりよい仕事につながることは間違いありません。

同質的な日本という社会に長く暮らしていると、「違うこと」に不安を覚えてしまいがちです。しかし人はみんな違うものです。

Z世代は上の世代よりも多様性を受け入れる柔軟さがあり、違いを受け入れることのできる重層的な社会には強さがあります。

固定観念を持ってしまいがちな上司世代にとって、意見の違う若者の意見を聞き、違いを受け入れるのは大切なことです。それは社会を重層的にし、幅と深みのある社会づくりに役立つものになるはずです。

【3の言葉】
助かったよ。ありがとう
～素直に感謝を伝えられますか？～

昭和の時代を生きてきた上司世代は、ほめるのが苦手な人が多い傾向にあります。

自分たちは上の世代にしごかれ、苦労して過ごしてきたのに、令和の時代になってみたら若者たちは携帯電話ばかり眺めていて、マイペースで好き勝手に生きていて、しかもハラスメントをしないようにも気をつけないといけないし、なんだか損をしているような気持ちになったりするからでしょうか。

若者は若者で、コミュニケーションが苦手だといわれますが、そう考えてみると、上司も部下もお互いにそれぞれの顔色をうかがいながら、仕事の時間を過ごしているのかもしれません。

人は肝心なことをなかなか話せないという一面があります。

たとえば話したい内容が球体、ボールの形だとします。すると、表面の部分にはあんなことも、こんなことも出てきます。

エピソード自体はその表面にすぎなくて、いちばん大事な核になるところ、本音までたどりつくには時間がかかります。それでも、日々の会話を重ねて信頼関係を作っていくことしかありません。

そして、信頼を築く近道は、できたことをほめ、してもらったことを感謝する言葉を伝えることです。

取引先には「ありがとう」が言えるのに、部下には言えないということはありませんか？

それも慣れかもしれません。家族や日頃利用するコンビニの店員さんにお礼を言うことから始めてみてはどうでしょうか。

朝のあいさつを伝えるように、感謝の言葉を伝えることが当たり前になれば、気持ちも伝えやすくなり、職場環境もよいものになります。

エピローグ

その後のZ世代成長物語

T村が課長になって1年。

3人の部下たちに常に寄り添い、ときに異星人のように思える彼らの本心を探るようにしてコミュニケーションを取っているうちに、少しずつ彼らとの交流ができるようになっていきました。

入社3年目のA島（男性）は、営業向きだとT村は思っていましたが、定期面談などでT村がいくら熱を込めて話してもあまり反応がなく、聞いているのかいないのか、彼の本心が最初はまったく見えてきませんでした。

そこでT村は、ある日、彼に思い切って切り出しました。

「このF企画さんだけど、どういう営業戦略がいいと思う？　君に任せるから考えを聞かせてもらえますか？」

　ある見込み客についてT村がそう言うと、

「えっ？」と言い、虚《きょ》を突かれたような表情で、彼はあっけにとられたようにT村の顔を見ています。

「はい、あの……先日、課長と一緒に訪問したとき、先方はDX戦略が課題だと話されていたじゃないですか。でも、必要なのはIT化だと思うんです」

「なるほどね。次の戦略はどう考えていますか？」

「社内の情報共有にチャットやデジタルツールを導入することで、業務の効率化につながることがアピールできると思っています」

「へえ、すごいじゃないですか！　じゃあ、さっそくアポを取って話してみてごらん」

「えっ、僕一人で？」

「もし不安なら同行しますよ」

　彼は顔を上げ、少しの間考えをめぐらすと、急に引き締まった顔つきになり、

「……僕、やってみます」と言いました。

数日後、F企画から戻ってきたA島は、今までに見たことのないほど晴れやかな顔をしていました。

「課長、決まりました！　見積もりもすぐに作成したところ、IT化ってこういうことだね、とすごく喜んでくれました！」

第二新卒で入社したB川は、若いけれど情報処理の資格を複数所有する勉強家。今はT村のもとで新規営業に従事しています。

プライベートについては話したがらないので、雑談するときも業界の展望や技術面の話をするだけですが、物腰がソフトで説明がうまく、実行力もある彼女にT村も高い評価をしていました。

そんな彼女には、より高みを目指し、ステップアップできるような道筋が必要だと思っていたある日の面談で――

「B川さんは、この先どうしていきたいと考えていますか？」

「現在、新規の見込み客は3社で……」

「あ、そうですね。それも知りたいけど、君自身の今後は？」

「私ですか？」

「知識もあるんだし、技術と営業の間に立つセールスエンジニアの道を目指してはどうかと思っているんだけれど」

「……興味はありますが、この会社でその部署に女性はいないし」

「性別に関係ある？」

T村がそう言うと、B川がハッとした顔をしました。

「B川さんのようなコミュニケーション能力の高い人になってもらいたいんだ。この間、お客様からおほめの言葉をいただいたと、部長が喜んでいたよ」

そしてB川は、部長の肝いりでセールスエンジニア部に異動することになりました。同じビル内で席を移動する日のあいさつで、

「私、就職には苦労したり、男性の上司なんて、口では女性の活躍を期待すると言いながら、本音では（女なんか）とか（どうせできないくせに）と思っているんだろうとばかり……。でも、T村課長は違いました」と言って、目をうるませました。

入社2年目のC田は職場のムードメーカー的な存在で、先輩社員からもいじられるのが常ですが、そうかと思うとミスを気にしてひどく落ち込んだり、長く休みがちになったり、精神的に不安定なところがありました。

でも、本人は以前「仕事がおもしろくなってきた」という発言をしていて、T村も気合いを入れて彼と話す機会を持ち、真摯《しんし》に指導をするうちに実績が急に上がってきました。急な変化に驚いて、T村が面談の機会を持ち、まず「体調はどうか」と尋ねると、

「はい、大丈夫っす。あの、僕、前はすごく残業とか、休日出勤が多かったじゃないですか」

「そうだね。でも、だいぶ減ってきたのを確認していますよ」

「どうして残業が多かったかって言うと、本当は電話がすごく苦手で、取るのが怖かったんです。うまくしゃべれなくて、お客さんを怒らせてしまったことがあって。それで夜とか、休日なら、あんまり電話がかかってこないから」

「そうだったのか」

「あと、僕はイライラするとタバコがないとダメで。それでビル1Fにある喫煙所まで行くんですけど、そうすると、そこまで行くのに時間もかかるし、金もかかるし。それで、

思い切って止めたんです。禁煙外来に行ったら、ニコチンパッチと飲み薬を処方されて、ぴたっと止められました」

「体調はいいの？」

「はい、メシがうまくて太っちゃいました。それと前に課長に、電話の取り方とか、しゃべり方を教えてもらったじゃないですか。練習用に電話をかけてもらったりして。あと、前に教えてもらった携帯電話会社のコールセンター。電話すると、すげえゆっくりしゃべったり、いちいち確認して、ここまではよろしいですかとかって、ちょっとまどろっこしいくらいに言うじゃないですか。あれ、真似するようにしたんです」

「そうなのか」

「なんか、焦《あせ》らなくていいんだって思って。そうしたらお客さんともうまくしゃべれるようになったし、それで電話も平気になって」

照れたように笑うC田を見て、T村は感慨深い思いがしました。

若者たちはかつての自分と変わりなく、みんな最初は不安でそれを必至で隠しているけれど、経験を重ねると人はどんどん成長していくし、そうして彼らもまた自分を成長させてくれることに感謝を覚えるばかりでした。

あとがき

Z世代は未来へのかけはしに

本書をお読みの方々は、やはりZ世代の部下を持つ上司のみなさまでしょうか。

Z世代とのかかわりに、希望を感じることはできそうでしょうか。

私は日頃から、さまざまなテーマで研修講師を務めることが多く、その中で管理職研修をさせていただくこともあります。その中で、「Z世代が何を考えているのかわからない」という声も多かったのですが、若者の本音や彼らの考え方を知っていくにつれて、「彼らは無表情だし、まるで能面みたいに見えていたんですが、こちらから声をかけて会話ができるようになると、一人ひとりは違うし、部下たちの表情もわかるようになりました」という声をいただいたり、ハラスメント研修を行う際に、外見やプライベートの話をしても問題ないし、言うべきことは毅然と言わなければだめだというお話をすると、

「もっと厳しいものかと思い込んでいました。過度に関わったり、突っ込んで話して、プレッシャーを感じさせたりしなければよいと知って、胸のつかえがおりた」

という反応もあり、思い込みや誤解の多いこの問題には、もっと話す機会を設けなければいけないのだと、実感しているところです。

Z世代は、たしかに少し前の若者とは、違う特性を持っているかもしれません。

でも、それは社会の影響や世相の違いなどを反映していて、上司世代たちが築いてきた社会の中で育ち、影響を受けてきた子どもたちなのです。また、人はみんな違っているもので、一人ひとりの本質は、何も変わりません。

そして、上司と部下は敵でもなんでもなく、同じ職場の仲間なのです。大切なのは、人と人のつながりです。

まだ経験値が低く、社会性が未熟なところもありますが、自分なりの感性を持つ子どもたちを社会に受け入れることで、この先の社会につながっていくのです。

Z世代をこれからの未来との架け橋として、よい関係を築いていってほしいと思います。

みなさまの未来が明るいものになりますように。

大野萌子

＜著者略歴＞

大野萌子（おおの・もえこ）

公認心理師、産業カウンセラー、２級キャリアコンサルティング技能士、一般社団法人「日本メンタルアップ支援機構」代表理事。企業内カウンセラーとしての長年の経験を活かし、社内コミュニケーション、ストレスマネージメント、ハラスメント対策を専門とする。内閣府をはじめ、大手企業、大学などで６万人以上に講演、研修を行ってきた実績を元に、テレビ、ラジオ、新聞などのメディアでも活躍。『よけいなひと言を好かれるセリフに変える言いかえ図鑑®』（サンマーク出版）はシリーズ51万部超のベストセラーとなった。他に『言いにくいことを伝える技術』（ぱる出版）、『「かまってちゃん」社員の上手なかまい方』（ディスカバー・トゥエンティワン）など多数の著書を送り出している。

https://japan-mental-up.biz/

Ｚ世代をモンスターにしない言葉

2025年２月14日　第１刷発行

著　者　大野 萌子

発行者　唐津 隆

発行所　株式会社ビジネス社

〒162-0805　東京都新宿区矢来町114番地 神楽坂高橋ビル5F

電話　03(5227)1602　FAX　03(5227)1603

https://www.business-sha.co.jp

〈装幀〉大谷昌稔

〈本文組版〉株式会社三協美術

〈印刷・製本〉中央精版印刷株式会社

〈編集協力〉杉浦美佐緒

〈営業担当〉山口健志

〈編集担当〉水無瀬尚

ISBN978-4-8284-2703-4